ANTÔNIO DE ALCÂNTARA MACHADO

Brás, Bexiga e Barra Funda e outros contos

Orientação pedagógica e notas de leitura:
Douglas Tufano

MODERNA

COORDENAÇÃO EDITORIAL	Maristela Petrili de Almeida Leite
EDIÇÃO DE TEXTO	Janette Tavano
COORDENAÇÃO DE EDIÇÃO DE ARTE	Camila Fiorenza
CAPA	Bruna Assis Brasil
FOTOS UTILIZADAS NA MONTAGEM DA CAPA	© McCarthy's Photoworks/ Shutterstock © Donatas Dabravolskas/ Shutterstock © T Photography/ Shutterstock
DIAGRAMAÇÃO	Isabela Jordani, Cristina Uetake
COORDENAÇÃO DE REVISÃO	Elaine Cristina del Nero
REVISÃO	Nair Hitomi Kayo
COORDENAÇÃO DE PESQUISA ICONOGRÁFICA	Luciano Baneza Gabarron
PESQUISA ICONOGRÁFICA	Cristina Mota e Tempo Composto
COORDENAÇÃO DE *BUREAU*	Rubens M. Rodrigues
TRATAMENTO DE IMAGEM	Fabio N. Precendo, Denise Feitoza Maciel
PRÉ-IMPRESSÃO	Vitória Sousa
COORDENAÇÃO DE PRODUÇÃO INDUSTRIAL	Andrea Quintas dos Santos
IMPRESSÃO E ACABAMENTO	Bartira Gráfica
LOTE	207902 / 207903

Dados Internacionais de Catalogação na Publicação (CIP)
(Câmara Brasileira do Livro, SP, Brasil)

Machado, Antônio de Alcântara, 1901-1935.
Brás, Bexiga e Barra Funda e outros contos / Antônio de Alcântara Machado ; orientação pedagógica e notas de leitura Douglas Tufano. – 3. ed. – São Paulo : Moderna, 2016. – (Coleção Travessias)

ISBN 978-85-16-10313-2

1. Contos brasileiros I. Tufano, Douglas, 1948-. II. Título. III. Série.

16-04402 CDD-869.3

Índice para catálogo sistemático:

1. Contos : Literatura brasileira 869.3

EDITORA MODERNA LTDA.
Rua Padre Adelino, 758 - Belenzinho
São Paulo - SP - Brasil - CEP 03303-904
Vendas e Atendimento: Tel. (11) 2790-1300
Fax (11) 2790-1501
www.modernaliteratura.com.br
2016

DE ACORDO COM AS NOVAS NORMAS ORTOGRÁFICAS

BEXIGA

SUMÁRIO

LIVROS ANTIGOS PARA UM PÚBLICO JOVEM

Para o público de hoje, a leitura de um romance do século XIX pode parecer uma tarefa pouco prazerosa. Além da dificuldade para compreender o sentido de muitas palavras e expressões de épocas passadas, da estranheza de certas construções sintáticas pouco usuais atualmente, há nessas obras uma sensibilidade artística bem diferente da nossa, valores morais que privilegiam outros comportamentos. Mas não será possível ao leitor contemporâneo entender essas obras e até mesmo extrair delas o prazer da leitura?

A Editora Moderna apostou no "sim" e investiu numa edição diferenciada dos clássicos. A exemplo do que já é feito em outros países, em que uma mesma obra é editada com diferentes níveis de informação, os clássicos da coleção Travessias apresentam um minucioso trabalho de comentários à margem do texto integral.

O leitor iniciante tem muito a ganhar com essa leitura sinalizada, em que informações históricas, notas explicativas de vocabulário e características literárias da obra em questão são apresentadas de forma concisa e acessível pelo professor Douglas Tufano, reconhecido autor de livros didáticos na área de língua portuguesa e literatura.

A nossa intenção principal é aproximar passado e presente, levando o leitor a descobrir nos enredos dos livros antigos as mesmas emoções humanas que nos empolgam hoje.

ANTÔNIO DE ALCÂNTARA MACHADO: VIDA E OBRA

Antônio Castilho de Alcântara Machado D'Oliveira nasceu no dia 25 de maio de 1901, na cidade de São Paulo. Filho de uma tradicional família paulistana, fez sua primeira viagem à Europa em 1913 e, em 1919, começou a cursar a Faculdade de Direito de São Paulo, onde seu pai era professor, formando-se em 1923.

FACHADA DA FACULDADE DE DIREITO DE SÃO PAULO.

O ESCRITOR ANTÔNIO DE ALCÂNTARA MACHADO.

Em 1921, ele publicou seu primeiro artigo de crítica literária na edição paulista do *O Jornal do Comércio*, iniciando precocemente sua carreira de jornalista. Em 1925, durante uma nova viagem à Europa, escreveu várias crônicas com as impressões dessa viagem, que foram reunidas no livro *Pathé-Baby*, publicado em 1926. No ano seguinte, lançou o livro de contos *Brás, Bexiga e Barra Funda*.

Pathé era o nome de uma empresa francesa de cinema fundada em 1896 pelos irmãos Pathé. Foi a primeira grande empresa mundial voltada à produção e distribuição de filmes de cinema. Dominou o mercado durante os primeiros vinte anos do século XX. Em 1908, a Pathé criou o noticiário ou documentário, que era exibido antes do filme de longa-metragem. Em 1922, surgiu o Pathé-Baby, um sistema que usava um novo tipo de filme que se tornou muito popular. O título das crônicas de viagem de Alcântara Machado revelam sua sintonia com as modernas formas de comunicação que surgiam na época.

Embora não tenha participado da polêmica Semana de Arte Moderna de 1922, em São Paulo, Alcântara Machado ligou-se ao grupo dos jovens escritores modernistas. Em 1926, lançou a revista literária modernista *Terra roxa e outras terras*, publicação efêmera que dirigiu com Couto de Barros. De maio de 1928 a fevereiro de 1929, participou da direção de outra revista literária: *Revista de Antropofagia*, que reunia colaboração de vários escritores modernistas, como Oswald de Andrade, Mário de Andrade, Menotti del Picchia, entre outros.

Em 1928, publicou outro livro de contos: *Laranja da China*. Escreveu o estudo histórico Anchieta na capitania de São Vicente, premiado pela Sociedade Capistrano de Abreu.

CAPA DO LIVRO
***LARANJA DA CHINA*.**

Jornalismo, política e o fim inesperado

Em 1929, Alcântara Machado começou a escrever nos *Diários Associados* e, no fim desse ano, fez sua terceira viagem à Europa. Em 1934, com apenas 33 anos, assumiu a direção do *Diário da Noite*, no Rio de Janeiro.

Seguindo os passos do pai, que fez carreira política — foi vereador, deputado e senador —, Alcântara Machado candidatou-se e foi eleito deputado federal por São Paulo, na chapa do Partido Constitucionalista.

No entanto, não chegou a tomar posse. No dia 14 de abril de 1935, durante uma cirurgia de apendicite, sofreu uma infecção e acabou morrendo um pouco antes de completar 34 anos. Foi sepultado no túmulo da família no cemitério da Consolação, em São Paulo.

A morte inesperada interrompeu a carreira brilhante de um dos mais promissores escritores do Modernismo, aquele que Mário de Andrade disse ter sido o mais importante prosador surgido no grupo modernista de 1922. Deixou inacabado o romance *Mana Maria*.

A NOVA REALIDADE URBANA NA LITERATURA

BONDES CIRCULAVAM POR SÃO PAULO NAQUELA ÉPOCA.

© Alex Silva/Estadão Conteúdo

© Guilherme Gaensly/Instituto Moreira Salles

O CARNAVAL DE RUA TOMAVA CONTA DA REGIÃO PRÓXIMA À AVENIDA PAULISTA.

ESTACIONAMENTO DE CARROS NA PRAÇA DA SÉ.

© Insituto Moreira Salles

RUA 15 DE NOVEMBRO, NA REGIÃO CENTRAL DA CIDADE, DÉCADA DE 1920.

© Acervo Iconographia

AS PESSOAS DESFILAVAM EM CARROS ABERTOS NO CARNAVAL DE RUA EM SÃO PAULO.

© Coleção particular

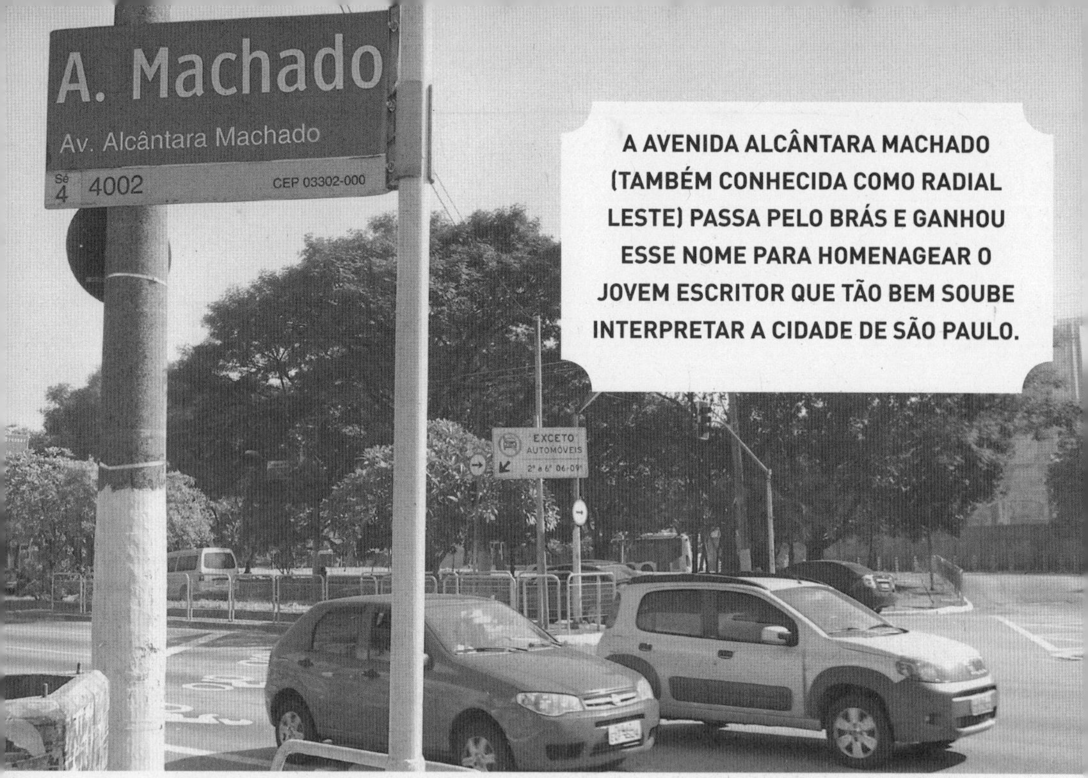

A AVENIDA ALCÂNTARA MACHADO (TAMBÉM CONHECIDA COMO RADIAL LESTE) PASSA PELO BRÁS E GANHOU ESSE NOME PARA HOMENAGEAR O JOVEM ESCRITOR QUE TÃO BEM SOUBE INTERPRETAR A CIDADE DE SÃO PAULO.

© Ricardo Bastos/Fotoarena

Atento às grandes transformações pelas quais passava a cidade de São Paulo, Antônio de Alcântara Machado deteve o olhar principalmente em uma figura que começava a se tornar cada vez mais presente no dia a dia da cidade: o imigrante italiano, como podemos ver no livro de contos *Brás, Bexiga e Barra Funda*, cujo título indica os nomes dos bairros paulistanos onde havia maior concentração desses imigrantes. Aliás, o livro é dedicado aos ítalo-brasileiros, que ajudaram a construir e a dar uma personalidade marcante à cidade de São Paulo.

Ler os seus contos é acompanhar os dramas e os sonhos daqueles imigrantes pobres, que lutavam pela sobrevivência numa cidade que crescia e se industrializava rapidamente. Mas também é acompanhar as mudanças que a presença deles provocava nas tradicionais famílias paulistanas, cuja riqueza, muitas vezes, era só aparente, pois o capital começava a mudar de mãos naquela São Paulo do início do século XX, em que o dinheiro já falava mais alto do que nomes de família.

Alcântara Machado engajou-se profundamente na renovação da linguagem literária, aproximando-a do falar cotidiano. Além disso, incorporou à literatura personagens que até então não tinham lugar nos livros, debruçando-se sobre os dramas das pessoas comuns e anônimas da cidade de São Paulo, enfocando a vida sofrida dos imigrantes pobres.

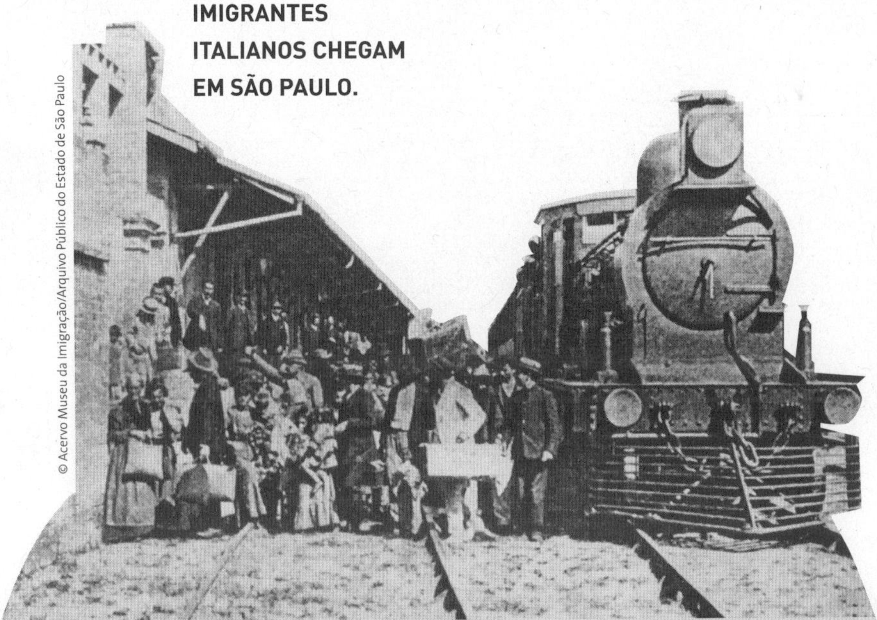

IMIGRANTES
ITALIANOS CHEGAM
EM SÃO PAULO.

O BAIRRO DO
BRÁS EM 1920.

Nota dos editores:

Por se tratar de uma coletânea que reúne vários textos autônomos de Antônio Alcântara Machado – e considerando que o leitor pode querer seguir uma ordem diferente da que está proposta –, optamos por repetir as notas de vocabulários e de esclarecimentos quando estas aparecem em mais de um dos contos deste livro.

BRÁS, BEXIGA E BARRA FUNDA
Notícias de São Paulo

À memória de
LEMMO LEMMI (VOLTOLINO)
e ao triunfo dos novos mamalucos

Alfredo Mario Guastini
Vicente Rao
Antônio Augusto Covello
Paulo Menotti Del Picchia
Nicolau Naso
Flamínio Favero
Victor Brecheret
Anita Malfatti
Mario Graciotti
Conde Francisco Matarazzo Júnior
Francisco Pati
Sud Menucci
Francisco Mignone
Menotti Sainatti
Heribaldo Siciliano
Teresa Di Marzo
Bianco Spartaco Gambini
Ítalo Hugo

*San Vincenzo è l'ultima colonia de' portoghesi: e perche è in un paese lontanissimo, vi si sogliono condennare quei, che in portogallo hanno meritato la galera, ò cose tali.**

GIOVANNI BOTERO. *Le relatione universali.*
In Brescia. 1595.

ESTA É A PÁTRIA DOS NOSSOS DESCENDENTES.
CONDE FRANCISCO MATARAZZO
Discurso de saudação ao Dr. Washington Luís.
São Paulo. 1926.

*** "São Vicente é a última colônia dos portugueses. E por ser em um país bem distante, para lá se costuma enviar aqueles que, em Portugal, mereceram o castigo da prisão, ou coisa semelhante."**

ARTIGO DE FUNDO

Assim como quem nasce homem de bem deve ter a fronte altiva, quem nasce jornal deve ter artigo de fundo. A fachada explica o resto.

Este livro não nasceu livro: nasceu jornal. Estes contos não nasceram contos: nasceram notícias. E este prefácio portanto também não nasceu prefácio: nasceu artigo de fundo.

Brás, Bexiga e Barra Funda é o órgão dos ítalo-brasileiros de São Paulo.

Durante muito tempo a nacionalidade viveu da mescla de três raças que os poetas xingaram de tristes: as três raças tristes.

A primeira, as caravelas descobridoras encontraram aqui comendo gente, e **desdenhosa de mostrar suas vergonhas**. A segunda veio nas caravelas. Logo os machos sacudidos desta se enamoraram das moças bem **gentis** daquela, que tinham cabelos *mui pretos, compridos pelas espáduas*.

E nasceram os primeiros **mamalucos**.

A terceira veio nos porões dos navios negreiros trabalhar o solo e servir a gente. Trazendo outras moças gentis, mucamas, muambas, mumbandas, macumas.

E nasceram os **segundos mamalucos**.

E os mamalucos das duas fornadas deram o empurrão inicial no Brasil. O colosso começou a rolar.

Então os transatlânticos trouxeram da Europa outras raças aventureiras. Entre elas uma alegre que pisou na terra paulista cantando e na terra brotou e se alastrou como aquela planta também imigrante que há duzentos anos veio fundar a riqueza brasileira.

Do **consórcio** da gente imigrante com o ambiente, do consórcio da gente imigrante com a indígena nasceram os **novos mamalucos**.

Nasceram os italianinhos.

Desdenhosa de mostrar suas vergonhas: sem se importar em mostrar-se nus. A frase refere-se aos indígenas que viviam no Brasil e o trecho destacado foi extraído da carta que Pero Vaz de Caminha, escrivão da frota de Cabral, enviou ao rei D. Manuel, comunicando o descobrimento da nova terra.

Gentis: graciosas. Alusão às índias vistas pelos portugueses, que aqui chegaram nas caravelas. As palavras destacadas também foram extraídas da carta de Caminha.

Mamalucos: o mesmo que mamelucos, nome dado aos filhos mestiços das índias com os portugueses.

Segundos mamalucos: alusão aos filhos mestiços das escravas africanas com os portugueses.

Consórcio: união conjugal, casamento.

Novos mamalucos: novos mamelucos, isto é, os filhos dos imigrantes com os brasileiros.

O Gaetaninho.

A Carmela.

Brasileiros e paulistas. Até bandeirantes.

E o colosso continuou rolando.

No começo a arrogância indígena perguntou meio zangada:

Carcamano *pé de chumbo*
Calcanhar de frigideira
Quem te deu a confiança
De casar com brasileira?

O pé de chumbo poderia responder tirando o cachimbo da boca e cuspindo de lado: A brasileira, *per* Bacco!

Mas não disse nada. Adaptou-se. Trabalhou. Integrou-se. Prosperou.

E o negro violeiro cantou assim:

Italiano grita
Brasileiro fala
Viva o Brasil
E a bandeira da Itália!

Brás, Bexiga e Barra Funda, como membro da livre imprensa que é, tenta fixar tão somente alguns aspectos da vida trabalhadeira, íntima e quotidiana desses novos mestiços nacionais e nacionalistas. É um jornal. Mais nada. Notícia. Só. Não tem partido nem ideal. Não comenta. Não discute. Não aprofunda.

Principalmente não aprofunda. Em suas colunas não se encontra uma única linha de doutrina. Tudo são fatos diversos. Acontecimentos de crônica urbana. Episódios de rua. O aspecto étnico-social dessa novíssima raça de gigantes encontrará amanhã o seu historiador. E será então analisado e pesado num livro.

Brás, Bexiga e Barra Funda não é um livro.

Inscrevendo em sua coluna de honra os nomes de alguns ítalo-brasileiros ilustres este jornal rende uma

Carcamano: modo pejorativo usado pelos paulistanos para se referirem aos imigrantes italianos que viviam em São Paulo.

homenagem à força e às virtudes da nova fornada mamaluca. São nomes de literatos, jornalistas, cientistas, políticos, esportistas, artistas e industriais. Todos eles figuram entre os que impulsionam e nobilitam neste momento a vida espiritual e material de São Paulo.

Brás, Bexiga e Barra Funda não é uma sátira.

A REDAÇÃO

GAETANINHO

— Xi, Gaetaninho, como é bom!

Gaetaninho ficou **banzando** bem no meio da rua. O Ford quase o derrubou e ele não viu o Ford. O carroceiro disse um palavrão e ele não ouviu o palavrão.

— Eh! Gaetaninho! Vem pra dentro.

Grito materno sim: até filho surdo escuta. Virou o rosto tão feio de sardento, viu a mãe e viu o chinelo.

— ***Subito*!**

Foi-se chegando devagarinho, devagarinho. Fazendo beicinho. Estudando o terreno. Diante da mãe e do chinelo parou. Balançou o corpo. Recurso de campeão de futebol. Fingiu tomar a direita. Mas deu meia-volta instantânea e varou pela esquerda porta adentro.

Eta **salame** de mestre!

Ali na Rua **Oriente** a ralé quando muito andava de bonde. De automóvel ou **carro** só mesmo em dia de enterro. De enterro ou de casamento. Por isso mesmo o sonho de Gaetaninho era de realização muito difícil. Um sonho.

O Beppino por exemplo. O Beppino naquela tarde atravessara de carro a cidade. Mas como? Atrás da tia Peronetta que se mudava para o **Araçá**. Assim também não era vantagem.

Mas se era o único meio? Paciência.

Gaetaninho enfiou a cabeça embaixo do travesseiro.

Que beleza, rapaz! Na frente quatro cavalos pretos **empenachados** levavam a tia Filomena para o cemitério. Depois o padre. Depois o Savério noivo dela de lenço nos olhos. Depois ele. Na boleia do carro. Ao lado do cocheiro. Com a roupa marinheira e o gorro branco onde se lia: *Encouraçado São Paulo*. Não. Ficava mais bonito de roupa marinheira mas com a palhetinha nova que o irmão lhe trouxera da fábrica. E ligas pretas segurando as meias. Que beleza, rapaz! Dentro do carro do pai,

Banzando: andando distraído.

***Subito* (em italiano):** no texto, significa "já estou indo". Nesse conto, o narrador usa muitas palavras e frases em italiano.

Salame: drible. É uma gíria de futebol da década de 1920.

Oriente: rua do bairro paulistano do Brás, onde havia uma grande colônia de imigrantes italianos.

Carro: espécie de carruagem puxada por cavalos, usada apenas em ocasiões especiais.

Araçá: nome de um cemitério da cidade de São Paulo.

Empenachados: enfeitados com penachos, ornamentos feitos com penas.

os dois irmãos mais velhos (um de gravata vermelha, outro de gravata verde) e o padrinho Seu Salomone. Muita gente nas calçadas, nas portas e nas janelas dos palacetes, vendo o enterro. Sobretudo admirando o Gaetaninho.

Mas Gaetaninho ainda não estava satisfeito. Queria ir carregando o chicote. O desgraçado do cocheiro não queria deixar. Nem por um instantinho só.

Gaetaninho ia berrar mas a tia Filomena com a mania de cantar o *Ahi, Mari!* todas as manhãs o acordou.

Primeirou ficou desapontado. Depois quase chorou de ódio.

Tia Filomena teve um ataque de nervos quando soube do sonho de Gaetaninho. Tão forte que ele sentiu remorsos. E para sossego da família alarmada com o agouro tratou logo de substituir a tia por outra pessoa numa nova versão de seu sonho. Matutou, matutou, e escolheu o acendedor da Companhia de Gás, Seu Rubino, que uma vez lhe deu um **cocre** danado de doído.

Os irmãos (esses) quando souberam da história resolveram arriscar de sociedade quinhentão no elefante*****. Deu a vaca. E eles ficaram loucos de raiva por não haverem logo adivinhado que não podia deixar de dar a vaca mesmo.

O jogo na calçada parecia de vida ou morte. Muito embora Gaetaninho não estava ligando.

— Você conhecia o pai do Afonso, Beppino?

— Meu pai deu uma vez na cara dele.

— Então você não vai amanhã no enterro. Eu vou!

O Vicente protestou indignado:

— Assim não jogo mais! O Gaetaninho está atrapalhando!

Gaetaninho voltou para o seu posto de guardião. Tão cheio de responsabilidades.

O Nino veio correndo com a bolinha de meia. Chegou bem perto. Com o tronco arqueado, as pernas dobradas,

Cocre: pancada na cabeça dada com os nós dos dedos.

*** Referência ao jogo do bicho.**

os braços estendidos, as mãos abertas, Gaetaninho ficou pronto para a defesa.

— Passa pro Beppino!

Beppino deu dois passos e meteu o pé na bola. Com todo o muque. Ela cobriu o guardião sardento e foi parar no meio da rua.

— Vá dar **tiro** no inferno!

— Cala a boca, **palestrino**!

— Traga a bola!

Gaetaninho saiu correndo. Antes de alcançar a bola um bonde o pegou. Pegou e matou.

No bonde vinha o pai do Gaetaninho.

A gurizada assustada espalhou a notícia na noite.

— Sabe o Gaetaninho?

— Que é que tem?

— Amassou o bonde!

A vizinhança limpou com benzina suas roupas domingueiras.

Às dezesseis horas do dia seguinte saiu um enterro da Rua do Oriente e Gaetaninho não ia na boleia de nenhum dos carros do acompanhamento. Ia no da frente dentro de um caixão fechado com flores pobres por cima. Vestia a roupa marinheira, tinha as ligas, mas não levava a palhetinha.

Quem na boleia de um dos carros do cortejo mirim exibia soberbo terno vermelho que feria a vista da gente era o Beppino.

Tiro: chute.

Palestrino: torcedor do Palestra Itália, primeiro nome do Palmeiras, clube fundado pela colônia italiana de São Paulo.

CARMELA

Dezoito horas e meia. Nem mais um minuto porque a madama respeita as horas de trabalho. Carmela sai da oficina. Bianca vem ao seu lado.

A Rua Barão de Itapetininga é um depósito **sarapintado** de automóveis gritadores. As casas de modas (Ao Chic Parisiense, São Paulo-Paris, Paris Elegante) despejam nas calçadas as costureirinhas que riem, falam alto, balançam os quadris como gangorras.

— Espia se ele está na esquina.

— Não está.

— Então está na Praça da República. Aqui tem muita gente mesmo.

— Que **fiteiro**!

O vestido de Carmela coladinho no corpo é de organdi verde. Braços nus, colo nu, joelhos de fora. Sapatinhos verdes. **Bago de uva Marengo** maduro para os lábios dos amadores.

— Ai que **rico** corpinho!

— Não se enxerga, seu cafajeste? Português sem educação!

Abre a bolsa e espreita o espelhinho quebrado, que reflete a boca reluzente de carmim primeiro, depois o nariz **chumbeva**, depois os fiapos de sobrancelha, por último as bolas de metal branco na ponta das orelhas descobertas.

Bianca por ser estrábica e feia é a sentinela da companheira.

— Olha o automóvel do outro dia.

— O **caixa-d'óculos**?

— Com uma bruta luva vermelha.

O caixa-d'óculos para o **Buick** de propósito na esquina da praça.

— Pode passar.

— Muito obrigada.

Sarapintado: colorido.

Fiteiro: fingido.

Bago de uva Marengo: gíria da época para se referir a uma mulher bonita de corpo. Essa expressão nasceu como alusão às deliciosas uvas produzidas pela família italiana Marengo, que chegou a São Paulo no fim do século XIX e estabeleceu-se nas chácaras que existiam na região do Brás.

Rico: formoso.

Chumbeva: arrebitado.

Caixa-d'óculos: modo pejorativo de se referir a quem usava óculos.

Buick: automóvel de luxo produzido pela fábrica americana General Motors.

Passa na pontinha dos pés. Cabeça baixa. Toda nervosa.

— Não vira para trás, Bianca. Escandalosa!

Diante de **Álvares de Azevedo** (ou **Fagundes Varela**) o Ângelo Cuoco de sapatos vermelhos de ponta afilada, meias brancas, gravatinha deste tamanhinho, chapéu à **Rodolfo Valentino**, paletó de um botão só, espera há muito com os olhos **escangalhados** de inspecionar a Rua Barão de Itapetininga.

— O Ângelo!

— Dê o fora.

Bianca retarda o passo.

Carmela continua no mesmo. Como se não houvesse nada. E o Ângelo junta-se a ela. Também como se não houvesse nada. Só que sorri.

— Já acabou o romance?

— A madama não deixa a gente ler na oficina.

— É? Sei. Amanhã tem baile na Sociedade.

— Que bruta novidade, Ângelo! Tem todo domingo. Não segura no braço!

— Enjoada!

Na Rua do Arouche o Buick de novo. Passa. Repassa. Torna a passar.

— Quem é aquele cara?

— Como é que eu hei de saber?

— Você dá confiança para qualquer um. Nunca vi, puxa! Não olha pra ele que eu armo já uma encrenca!

Bianca rói as unhas. Vinte metros atrás. Os freios do Buick guincham nas rodas e os pneumáticos deslizam rente à calçada. E estacam.

— Boa tarde, belezinha...

— Quem? Eu?

— Por que não? Você mesma...

Bianca rói as unhas com apetite.

— Diga uma coisa. Onde mora a sua companheira?

— Ao lado de minha casa.

Fagundes Varela (1841--1875) e Álvares de Azevedo (1831-1852): famosos poetas românticos que estudaram na Faculdade de Direito do Largo de São Francisco. Mas não se sabe de fato qual deles está representado no busto que ficava na Praça da República (e que hoje está guardado na Faculdade de Direito).

Rodolfo Valentino (1895-1926): famoso ator italiano da época do cinema mudo. Era um ídolo das mulheres na década de 1920.

Escangalhados: exaustos.

— Onde é sua casa?

— Não é de sua conta.

O caixa-d'óculos não se zanga. Nem se atrapalha. É um **traquejado**.

— Responda direitinho. Não faça assim. Diga onde mora.

— Na Rua Lopes de Oliveira. Numa vila. Vila Margarida nº 4. Carmela mora com a família dela no 5.

— Ah! Chama-se Carmela... Lindo nome. Você é capaz de lhe dar um recado?

Bianca rói as unhas.

— Diga a ela que eu a espero amanhã de noite, às oito horas, na rua... não... atrás da Igreja de Santa Cecília. Mas que ela vá sozinha, hein? Sem você. O barbeirinho também pode ficar em casa.

— Barbeirinho nada! Entregador da Casa Clark!

— É a mesma coisa. Não se esqueça do recado. Amanhã, às oito horas, atrás da Igreja.

— Vá saindo que pode vir gente conhecida.

Também o **grilo** já havia apitado.

— Ele falou com você. Pensa que eu não vi? O Ângelo também viu. Ficou danado.

— Que me importa? O caixa-d'óculos disse que espera você amanhã de noite, às oito horas, no Largo Santa Cecília. Atrás da Igreja.

— Que é que ele pensa? Eu não sou dessas. Eu não!

— Que **fita**, Nossa Senhora! Ele gosta de você, sua boba.

— Ele disse?

— Gosta pra burro.

— Não vou na onda.

— Que fingida que você é!

— ***Ciao***.

— *Ciao*.

Antes de se estender ao lado da irmãzinha na cama de ferro, Carmela abre o romance à luz da lâmpada de 16 velas: *Joana a desgraçada* ou *A odisseia de uma virgem*, fascículo 2º.

Traquejado: experiente.

Grilo: apelido dado aos guardas que vigiavam as ruas e controlavam o trânsito na cidade de São Paulo. Por causa do apito que costumavam usar, receberam esse nome.

Fita: fingimento.

***Ciao* (em italiano):** tchau.

Percorre logo as gravuras. Umas **teteias**. A da capa então é linda mesmo. No fundo o imponente castelo. No primeiro plano a íngreme ladeira que conduz ao castelo. Descendo a ladeira numa disparada louca o **fogoso ginete**. Montado no ginete o apaixonado caçula do **castelão** inimigo de capacete prateado com plumas brancas. E atravessada no **cachaço** do ginete a formosa donzela desmaiada entregando ao vento os cabelos cor de carambola.

Quando Carmela reparando bem começa a verificar que o castelo não é mais um castelo mas uma igreja, o **tripeiro** Giuseppe Santini berra no corredor.

— ***Spegni la luce! Subito! Mi vuole proprio rovinare questa principessa!***

E — raatá! — uma cusparada daquelas.

— Eu só vou até a esquina da Alameda Glette. Já vou avisando.

— Trouxa. Que tem?

No Largo Santa Cecília atrás da igreja o caixa-d'óculos sem tirar as mãos do volante insiste pela segunda vez:

— Uma voltinha de cinco minutos só... Ninguém nos verá. Você verá. Não seja má. Suba aqui.

Carmela olha primeiro a ponta do sapato esquerdo, depois a do direito, depois a do esquerdo de novo, depois a do direito outra vez, levantando e descendo a cinta. Bianca rói as unhas.

— Só com a Bianca...

— Não. Para quê? Venha você sozinha.

— Sem a Bianca não vou.

— Está bem. Não vale a pena brigar por isso. Você vem aqui na frente comigo. A Bianca senta atrás.

— Mas cinco minutos só. O senhor falou...

— Não precisa me chamar de senhor. Entrem depressa.

Depressa o Buick sobe a Rua Veridiana.

Só para no Jardim América.

Teteias: **coisas lindas.**

Fogoso ginete: **impetuoso cavalo (de raça).**

Castelão: **dono do castelo.**

Cachaço: **pescoço.**

Tripeiro: **vendedor de tripas e outras vísceras de animais.**

Spegni la luce! Subito! Mi vuole proprio rovinare questa principessa! (em italiano): **Apaga a luz! Já! Essa princesa quer mesmo me arruinar!**

Bianca no domingo seguinte encontra Carmela raspando a penugenzinha que lhe une as sobrancelhas com a navalha denticulada do tripeiro Giuseppe Santini.

— Xi, quanta coisa pra ficar bonita!

— Ah! Bianca, eu quero dizer uma coisa para você.

— Que é?

— Você hoje não vai com a gente no automóvel. Foi ele que disse.

— Pirata!

— Pirata por quê? Você está ficando boba, Bianca.

— É. Eu sei por quê. Piratão. E você, Carmela, sim senhora! Por isso é que o Ângelo me disse que você está ficando mesmo uma vaca.

— Ele disse assim? Eu quebro a cara dele, hein? Não me conhece.

— Pode ser, não é? Mas namorado de **máquina** não dá certo mesmo.

Saem à rua suja de negras e cascas de amendoim. No degrau de cimento ao lado da mulher Giuseppe Santini torcendo a **belezinha do queixo** cospe e cachimba, cachimba e cospe.

— Vamos dar uma volta até a Rua das Palmeiras, Bianca?

— ***Andiamo***.

Depois que os seus olhos cheios de estrabismo e despeito veem a lanterninha traseira do Buick desaparecer, Bianca resolve dar um giro pelo bairro. Imaginando coisas.

Roendo as unhas. Nervosíssima.

Logo encontra a Ernestina. Conta tudo à Ernestina.

— E o Ângelo, Bianca?

— O Ângelo? O Ângelo é outra coisa. É pra casar.

— Hã!...

Máquina: **automóvel.**

Belezinha do queixo: **cavanhaque; barba curta, em ponta, crescida um pouco além do queixo.**

Andiamo **(em italiano):** **vamos.**

TIRO DE GUERRA Nº 35

No Grupo Escolar da Barra Funda Aristodemo Guggiani aprendeu em três anos a roubar com perfeição no jogo de bolinhas (garantindo o tostão para o sorvete) e ficou sabendo na ponta da língua que o Brasil foi descoberto sem querer e é o país maior, mais belo e mais rico do mundo. O professor Seu Serafim todos os dias ao encerrar as aulas limpava os ouvidos com o canivete (brinde do Chalé da Boa Sorte) e dizia olhando o relógio:

— Antes de nos separarmos, meus jovens **discentes**, meditemos uns instantes no **porvir** da nossa idolatrada pátria.

Depois regia o hino nacional. Em seguida o da bandeira. O pessoal entoava os dois engolindo metade das estrofes. Aristodemo era a melhor voz da classe. Berrando puxava o coro. A campainha tocava. E o pessoal desembestava pela Rua Albuquerque Lins vaiando Seu Serafim.

Saiu do Grupo e foi para a oficina mecânica do cunhado. Fumando **Bentevi** e cantando a **Caraboo**. Mas sobretudo com muita malandrice. Entrou para o Juvenil Flor de Prata F. C. (fundado para matar o Juvenil Flor de Ouro F. C.). Reserva do primeiro quadro. Foi expulso por falta de pagamento. Esperou na esquina o tesoureiro. O tesoureiro não apareceu. Estreou as calças compridas no casamento da irmã mais moça (sem contar a Joaninha). Amou a Josefina. Apanhou do primo da Josefina. Jurou vingança. Ajudou a **empastelar o *Fanfulla*** que falou mal do Brasil. Teve ambições. Por exemplo: artista do Circo Queirolo. Quase morreu afogado no Tietê.

E fez vinte anos no dia chuvoso em que a Tina (namorada do Linguiça) **casou** com um chofer de praça **na polícia**.

Então brigou com o cunhado. E passou a ser cobrador da Companhia Autoviação Gabriele d'Annunzio. De farda amarela e polainas vermelhas.

Tiro de Guerra: centro de treinamento do Exército, com unidades em vários bairros de São Paulo. Para evitar a convocação para servir num quartel do exército, que podia ser fora da cidade natal e até mesmo fora do estado, muitos jovens se inscreviam voluntariamente no Tiro de Guerra. Lá, o serviço militar era feito à noite, em alguns dias por semana, permitindo que os recrutas continuassem a trabalhar ou a estudar durante o dia.

Discentes: discípulos, alunos.

Porvir: futuro.

Bentevi: marca de cigarro da época.

Caraboo: música famosa da época.

Empastelar o *Fanfulla*: depredar o *Fanfulla*, nome do jornal publicado pela comunidade italiana de São Paulo.

Casar na polícia: significa casar obrigado (o que ocorria quando a moça dizia ter sido seduzida pelo homem).

Sua linha: Praça do Patriarca-Lapa. Arranjou logo uma **pequena**. No fim da Rua das Palmeiras. Ela vinha à janela ver o Aristodemo passar. O Evaristo era quem avisava por camaradagem tocando o **cláxon** do ônibus verde. Aristodemo ficava olhando para trás até o Largo das Perdizes.

E não queria mesmo outra vida.

Um dia porém na seção Colaboração das Leitoras publicou *A Cigarra* as seguintes linhas de Mlle. Miosótis sob o título de *Indiscrições da Rua das Palmeiras*:

Por que será que o jovem A. G. não é mais visto todos os dias entre vinte e vinte e uma horas da noite no portão da casa da linda Senhorinha F. R. em doce **colóquio** *de amor? A formosa Julieta anda inconsolável! Não seja assim tão mauzinho, Seu A. G.! Olhe que a ingratidão mata...*

Fosse Mlle Miosótis (no mundo Benedita Guimarães, aluna mulata da Escola Complementar Caetano de Campos) indagar do paradeiro de Aristodemo entre os jovens defensores da pátria.

E saberia então que Aristodemo Guggiani para se livrar do sorteio* ostentava agora a farda **nobilitante** de soldado do Tiro de Guerra nº 35.

— Companhia! Per...filar!

No Largo Municipal o pessoal evoluía entre as cadeiras do bar e as **costas protofônicas de Carlos Gomes** para divertimento dos desocupados parados aos montinhos aqui, ali, à direita, à esquerda, lá, atrapalhando.

— Meia-volta! Vol...ver!

O sargento cearense **clarinava as ordens** de comando. Puxando pela rapaziada.

— Não está bom não! Vamos repetir isso sem **avexame**!

De novo não prestou.

— Firme!

Pareciam estacas.

Pequena: garota.

Cláxon (cs): forma aportuguesada do francês *klaxon*, um tipo de buzina em forma de corneta que havia nos veículos.

Colóquio: conversa íntima.

*Nessa época, o Exército fazia um sorteio para escolher os novos recrutas.

Nobilitante: que enobrece, engrandece.

Costas protofônicas de Carlos Gomes: aqui, tem o sentido genérico de "costas sinfônicas, musicais". Alusão humorística ao monumento erguido em 1922 em homenagem a Carlos Gomes (1836--1896), famoso compositor brasileiro, natural da cidade de Campinas (SP). O monumento, feito de várias esculturas alusivas às óperas do compositor, foi executado no centro de São Paulo por dois artistas italianos. A colônia italiana bancou parte das despesas, pois Carlos Gomes viveu muitos anos na Itália, onde compôs suas óperas mais famosas, como *O Guarani*.

Clarinava as ordens: dava as ordens tocando clarim.

Avexame: o mesmo que vexame.

— Meia-volta!

Tremeram.

— Vol...ver!

Volveram.

— **Abém**!

Aristodemo era o base da segunda esquadra.

Sargento Aristóteles Camarão de Medeiros, natural de São Pedro do Cariri, quando falava em honra da farda, deveres do soldado e grandeza da pátria arrebatava qualquer um.

Aristodemo só de ouvi-lo ficou brasileiro **jacobino**. Aristóteles escolheu-o para seu ajudante de ordens. Uma espécie de.

— Você conhece o hino nacional, criatura?

— Puxa, se conheço, Seu Sargento!

— Então você não esquece, não? Traz amanhã umas cópias dele para o pessoal ensaiar para o Sete de Setembro? **Abom**.

Aristodemo deu folga no serviço. Também levou um colosso de cópias.

E o primeiro ensaio foi logo à noite.

Ou-viram do I-piranga as margens plá-cidas...

— Parem que assim não presta não! Falta patriotismo. Vocês nem parecem brasileiros. Vamos!

Ou-viram do I-piranga as margens plácidas

*Da Inde-pendência o brado re-tumbante!**

— Não é assim não. Retumbante tem que estalar, criaturas, tem que retumbar! É palavra... como é que se diz mesmo?... é palavra... ah!... onomatopaica: RETUMBANTE!

E o hino rolou ribombando:

... da Inde-pendência o brado re-TUMBAN-te!

E o sol da li-berdade em raios ful...

De repente um barulho na segunda esquadra.

— Que **isbregue** é esse aí, criaturas?

Isbregue danado. O alemãozinho levou um tabefe de estilo. Onde entrou todo o muque de que pôde dispor na hora o Aristodemo.

Abém: o mesmo que amém.

Jacobino: nacionalista radical.

Abom: o mesmo que muito bem.

*** Versão antiga do segundo verso do Hino Nacional, de 1909. O compositor, Osório Duque Estrada, modificou-o em 1916 para "De um povo heroico o brado retumbante".**

Isbregue: confusão. A forma correta, dicionarizada, é esbregue.

— Está suspenso o ensaio. Podem debandar.

— Eu dei mesmo na cara dele, Seu Sargento. Por Deus do céu! Um bruto tapa mesmo. O desgraçado estava **escachando** com o hino do Brasil!

— Que é que você está me dizendo, Aristodemo?

— Escachando, Seu Sargento. Pode perguntar para qualquer um da esquadra. Em vez de cantar ele dava risada da gente. Eu fui me deixando ficar com raiva e disse pra ele que ele tinha obrigação de cantar junto com a gente também. Ele foi e respondeu que não cantava porque não era brasileiro. Eu fui e disse que se ele não era brasileiro é porque então era... um... eu chamei ele de... eu ofendi a mãe dele, Seu Sargento! Ofendi mesmo. Por Deus do céu. Então ele disse que a mãe dele não era brasileira para ele ser... o que eu disse. Então eu fui, Seu Sargento, achei que era demais e estraguei com a cara do desgraçado! Ali na hora.

— Vou ouvir as testemunhas do fato, Aristodemo. Depois procederei como for de justiça. ***Fiat justitia*** como diziam os antigos romanos. Confie nela, Aristodemo.

"Ordem do Dia

De conformidade com o ordenado pelo Exmo. Sr. Dr. Presidente deste Tiro de Guerra e depois de ouvir seis testemunhas oculares e auditivas acerca do deplorável fato ontem acontecido nesta sede do qual resultou levar uma lapada na face direita o inscrito Guilherme Schwertz, nº 81, comunico que fica o citado inscrito Guilherme Schwertz, nº 81, desligado das fileiras do Exército, digo, deste Tiro de Guerra visto ter-se mostrado indigno de ostentar a farda gloriosa de soldado nacional pelas injúrias infamérrimas que ousou levantar contra a honra imaculada da mulher brasileira e principalmente da Mãe, acrescendo que cometeu semelhante ato delituoso contra a honra nacional no momento sagrado em que se cantava nesta sede o nosso imortal hino nacional. Comunico também que por necessidade de disciplina, que é o alicerce em que se firma toda corporação militar, o inscrito Aristodemo Guggiani, nº 117,

Escachando: zombando.

***Fiat justitia* (em latim): faça-se a justiça.**

único responsável pela lapada acima referida acompanhada de equimoses graves, fica suspenso por um dia a partir desta data. **Dura lex sed lex**. *Aproveito porém no entretanto a feliz oportunidade para apontar como exemplo o supracitado inscrito Aristodemo Guggiani, nº 117, que deve ser seguido sob o ponto de vista do patriotismo, embora com menos violência apesar da limpeza, digo, da limpidez das intenções.*

*Aproveito ainda a oportunidade para declarar que fica expressamente proibido no pátio desta sede o jogo de futebol. Aqui só devemos cuidar da defesa da Pátria!***

São Paulo, 23 de agosto de 1926.
(a) sargento instrutor Aristóteles
Camarão de Medeiros."

Aristodemo Guggiani logo depois apresentou sua demissão do cargo de cobrador da Companhia Auto-viação Gabriele d'Annunzio. Sob aplausos e a conselho do Sargento Aristóteles Camarão de Medeiros. Trabalha agora na Sociedade de Transportes Rui Barbosa******, Ltda.

Na mesma linha: Praça do Patriarca-Lapa.

***Dura lex sed lex* (em latim): a lei é dura mas é a lei. Como se vê, para se exibir, o sargento gosta de fazer citações em latim, o que provoca riso, pois seu português é muito ruim.**

*** Observe que a inclusão da ordem de proibição do jogo de futebol no pátio provoca efeito humorístico, pois mistura, na mesma "ordem do dia", um assunto sério com outro absolutamente banal.**

**** Mais um toque satírico do narrador com relação ao patriotismo exagerado de Aristodemo: aconselhado pelo sargento, ele sai de uma companhia de nome italiano (Gabriele d'Annunzio, 1863-1938, era um famoso poeta italiano da época) e vai para outra de nome bem patriótico, Rui Barbosa, famoso jurista e político brasileiro (1849-1923).**

AMOR E SANGUE

Sua impressão: a rua é que andava, não ele. Passou entre o verdureiro de grandes bigodes e a mulher de cabelo despenteado.

— Vá roubar no inferno, Seu Corrado!

Vá sofrer no inferno, Seu Nicolino! Foi o que ele ouviu de si mesmo.

— Pronto! Fica por quatrocentão.

— Mas é tomate podre, Seu Corrado!

Ia indo na manhã. A professora pública estranhou aquele ar tão triste. As bananas na porta da QUITANDA TRIPOLI ITALIANA eram de ouro por causa do sol. O Ford derrapou, **maxixou**, continuou bamboleando. E as chaminés das fábricas apitavam na Rua Brigadeiro Machado.

Não adiantava nada que o céu estivesse azul porque a alma de Nicolino estava negra.

— Ei, Nicolino! NICOLINO!

— Que é?

— Você está ficando surdo, rapaz! A Grazia passou agorinha mesmo.

— Des-gra-ça-da!

— Deixa de **fita**. Você joga amanhã contra o Esmeralda?

— Não sei ainda.

— Não sabe? Deixa de fita, rapaz! Você...

— ***Ciao***.

— Veja lá, hein! Não vá tirar o corpo na hora. Você é a garantia da defesa.

A desgraçada já havia passado.

AO BARBEIRO SUBMARINO. BARBA: 300 RÉIS. CABELO: 600 RÉIS. SERVIÇO GARANTIDO.

— Bom dia!

Nicolino Flor d'Amore nem deu resposta. Foi entrando, tirando o paletó, enfiando outro branco, se sentando

Maxixou: dançou o maxixe. O carro parecia dançar maxixe, uma dança movimentada, bem popular na época.

Fita: fingimento.

***Ciao* (em italiano): tchau.**

Nicolino Flor d'Amore: a tradução para esse nome é "Nicolino Flor de Amor".

no fundo à espera dos fregueses. Sem dar confiança. Também Seu Salvador nem ligou.

A navalha ia e vinha no couro esticado.

— São Paulo corre hoje! É o cem contos!

O Temístocles da Prefeitura entrou sem colarinho.

— Vamos ver essa barba muito bem feita! Ai, ai! Calor pra burro. Você leu no *Estado* o crime de ontem, Salvador? Banditismo indecente.

— Mas parece que o moço tinha razão de matar a moça.

— Qual tinha razão nada, seu! Bandido! Drama de amor coisa nenhuma. E amanhã está solto. **Privações de sentidos**. Júri indecente, meu Deus do céu! Salvador, Salvador... — cuidado aí que tem uma espinha — ... este país está perdido!

— Todos dizem.

Nicolino fingia que não estava escutando. E assobiava a ***Scugnizza.***

As fábricas apitavam.

Quando Grazia deu com ele na calçada abaixou a cabeça e atravessou a rua.

— Espera aí, sua fingida.

— Não quero mais falar com você.

— Não faça mais assim pra mim, Grazia. Deixa que eu vá com você. Estou ficando louco, Grazia. Escuta. Olha. Grazia! Grazia! Se você não falar mais comigo eu me mato mesmo. Escuta. Fala alguma coisa por favor.

— Me deixa! Pensa que eu sou aquela fedida da Rua Cruz Branca?

— O quê?

— É isso mesmo.

E foi almoçar correndo.

Nicolino apertou o fura-bolos entre os dentes*.

As fábricas apitavam.

Grazia ria com a Rosa.

— Meu irmão foi e deu uma bruta surra na cara dele.

Privações de sentidos: estado em que uma pessoa fica fora de si por ter sofrido um intenso choque emocional. O personagem critica a costumeira desculpa dada por homens que cometem crimes passionais.

Scugnizza: canção que dá título a uma opereta italiana famosa da década de 1920.

* O gesto de morder o dedo é uma reação tipicamente italiana para expressar raiva ou frustração.

— Bem feito! Você é uma danada, Rosa. Xi!...

Nicolino deu um pulo monstro.

— Você não quer mesmo mais falar comigo, sua desgraçada?

— Desista!

— Mas você me paga, sua desgraçada!

— NÃ-Ã-O!

A punhalada derrubou-a.

— Pega! PEGA! PEGA!

— Eu matei ela porque estava louco, Seu Delegado!*

Todos os jornais registraram essa frase que foi dita chorando.

Eu estava louco,
Seu Delegado! } *Bis*
Matei por isso,
Sou um desgraçado!

O estribilho do *Assassino por amor* (Canção da atualidade para ser cantada com a música do FUBÁ**, letra de Spartaco Novais Panini) causou furor na zona.

*** Observe que a conversa do cliente na barbearia antecipa esse epílogo trágico.**

**** Referência à famosa música Tico-tico no fubá, do brasileiro Zequinha de Abreu (1880-1935).**

A SOCIEDADE

— Filha minha não casa com filho de **carcamano**!

A esposa do Conselheiro José Bonifácio de Matos e Arruda disse isso e foi brigar com o italiano das batatas. Teresa Rita misturou lágrimas com gemidos e entrou no seu quarto batendo a porta. O Conselheiro José Bonifácio limpou as unhas com o palito, suspirou e saiu de casa abotoando o fraque.

O esperado grito do **cláxon** fechou o livro de **Henri Ardel** e trouxe Teresa Rita do escritório para o terraço.

O **Lancia** passou como quem não quer. Quase parando. A mão enluvada cumprimentou com o chapéu **Borsalino**. Uiiiiia — uiiiiia! Adriano Melli **calcou** o acelerador. Na primeira esquina fez a curva. Veio voltando. Passou de novo. Continuou. Mais duzentos metros. Outra curva. Sempre na mesma rua. Gostava dela. Era a Rua da Liberdade. Pouco antes do número 259-C já sabe: uiiiiia — uiiiiia!

— O que você está fazendo aí no terraço, menina?

— Então nem tomar um pouco de ar eu posso mais?

Lancia Lambda, vermelhinho, **resplendente**, **pompeando** na rua. Vestido do **Camilo**, verde, grudado à pele, **serpejando** no terraço.

— Entre já para dentro ou eu falo com seu pai quando ele chegar!

— Ah meu Deus, meu Deus, que vida, meu Deus!

Adriano Melli passou outras vezes ainda. Estranhou. Desapontou. Tocou para a Avenida Paulista.

Na orquestra o negro de casaco vermelho afastava o saxofone da beiçorra para gritar:

Dizem que Cristo nasceu em Belém...

Porque os pais não a haviam acompanhado (abençoado furúnculo inflamou o pescoço do Conselheiro

Carcamano: modo pejorativo usado pelos paulistanos para se referirem aos italianos.

Cláxon (cs): forma aportuguesada do francês *klaxon*, um tipo de buzina em forma de corneta que havia nos veículos.

Henri Ardel: pseudônimo masculino da escritora francesa Berthe Palmyre Victorine Marie Abraham (1863-1938), autora de romances sentimentais para moças.

Lancia Lambda: marca de um automóvel italiano de luxo e símbolo da riqueza do filho do "carcamano", que namora a filha do conselheiro paulistano.

Borsalino: famosa marca italiana de fabricante de chapéu (outro símbolo da riqueza do filho do "carcamano").

Calcou: pisou fundo.

Resplendente: brilhante.

Pompeando: exibindo-se.

Camilo Sabbagh: famoso costureiro da época.

Serpejando: movendo-se. Observe que o narrador não fala diretamente das pessoas, mas de coisas que dão ideia de sua posição social: o Lancia (automóvel) do rapaz e o Camilo (vestido) da moça.

José Bonifácio) ela estava **achando um suco** aquela — **vesperal do Paulistano**. O namorado ainda mais.

Os pares dançarinos **maxixavam** colados. No meio do salão eram um bolo **tremelicante**. Dentro do círculo palerma de mamãs, moças feias e moços enjoados. A orquestra preta **tonitroava**. Alegria de vozes e sons. Palmas contentes prolongaram o maxixe. O banjo é que ritmava os passos.

— Sua mãe me fez ontem uma desfeita na cidade.

— Não!

— Como não? Sim senhora. Virou a cara quando me viu.

... mas a história se enganou!

As meninas de ancas salientes riam porque os rapazes contavam episódios de farra muito engraçados. O professor da Faculdade de Direito citava Rui Barbosa para um sujeitinho de óculos. Sob a vaia do saxofone: turururu-turururum!

— Meu pai quer fazer um negócio com o seu.

— Ah sim?

Cristo nasceu na Bahia, meu bem...

O sujeitinho de óculos começou a recitar **Gustave Le Bon** mas a **destra** espalmada do catedrático o engasgou. Alegria de vozes e sons.

... e o baiano criou!

— Olhe aqui, Bonifácio: se esse carcamano vem pedir a mão de Teresa para o filho, você aponte o olho da rua para ele, compreendeu?

— Já sei, mulher, já sei.

Mas era coisa muito diversa.

O ***Cav. Uff.*** Salvatore Melli alinhou algarismos torcendo a bigodeira. Falou como homem de negócios que enxerga longe. Demonstrou cabalmente as vantagens econômicas de sua proposta.

— O doutor...

— Eu não sou doutor, Senhor Melli.

Achando um suco: achando ótimo.

Vesperal do Paulistano: baile realizado à tarde no clube Paulistano, um dos mais antigos da cidade de São Paulo, fundado em 1900.

Maxixavam: dançavam o maxixe (dança bem popular na época).

Tremelicante: que tremelicava, agitava-se freneticamente.

Tonitroava: tocava bem alto. Observe a forma criativa como o narrador refere-se à orquestra. Não é ela que é preta, e sim o músico a que ele se referiu mais acima ("o negro de casaco vermelho").

Gustave Le Bon (1841--1931): famoso psicólogo francês da época.

Destra: mão direita.

Cav. Uff.: abreviatura de *Cavaliere Ufficiale* (Cavaleiro Oficial), título honorífico concedido pela monarquia italiana da época. É um sinal de *status* do "carcamano".

— **Parlo** assim para facilitar. **Non** é para ofender. **Primo** o doutor pense bem. E **poi** me dê a sua resposta. **Domani, dopo domani**, na outra semana quando quiser. **Io resto** à sua disposição. **Ma** pense bem!

Renovou a proposta e repetiu os argumentos pró. O conselheiro possuía uns terrenos em São Caetano. Coisas de herança. Não lhe davam renda alguma. O *Cav. Uff.* tinha a sua fábrica ao lado. 1.200 teares. 36.000 fusos. Constituíam uma sociedade. O conselheiro entrava com os terrenos. O *Cav. Uff.* com o capital. **Arruavam** os trinta alqueires e vendiam logo grande parte para os operários da fábrica. Lucro certo, mais que certo, garantidíssimo.

— É. Eu já pensei nisso. Mas sem capital o senhor compreende é impossível...

— *Per Bacco*, doutor! Mas *io* tenho o capital. O capital *sono io*. O doutor entra com o terreno, mais nada. E o lucro se divide no meio.

O capital* acendeu um charuto. O conselheiro coçou os joelhos disfarçando a emoção. A negra de broche serviu o café.

— *Dopo* o doutor me dá a resposta. *Io* só digo isto: pense bem.

O capital levantou-se. Deu dois passos. Parou. Meio embaraçado. Apontou para um quadro.

— Bonita pintura.

Pensou que fosse obra de italiano. Mas era de francês.

— **Francese**? Não é feio *non*. Serve.

Embatucou. Tinha qualquer coisa. Tirou o charuto da boca, ficou olhando para a ponta acesa. Deu um balanço no corpo. Decidiu-se.

— Ia **dimenticando** de dizer. O meu filho **farà** o gerente da sociedade... Sob a minha direção, **si capisce**.

— Sei, sei... O seu filho?

— *Si*. O Adriano. O doutor... *mi pare*... **mi pare** que conhece ele?

O silêncio do conselheiro desviou os olhos do *Cav. Uff.* na direção da porta.

— Repito **un'altra** vez: o doutor pense bem.

O **Isotta Fraschini** esperava-o todo iluminado.

Parlo (em italiano): **falo.**

Non (em italiano): **não.**

Primo (em italiano): **primeiro.**

Poi (em italiano): **depois, mais tarde.**

Domani, dopo domani (em italiano): **amanhã, depois de amanhã.**

Io resto (em italiano): **eu fico.**

Ma (em italiano): **mas.**

Arruavam: **abriam ruas (em um terreno, para depois vender os lotes).**

*** Observe que nessa frase o autor transforma o personagem naquilo que ele representa: o dinheiro.**

Francese (em italiano): **francês.**

Embatucou: **calou-se meio sem graça.**

Dimenticando (em italiano): **esquecendo.**

Farà (em italiano): **será.**

Si capisce (em italiano): **é claro.**

Mi pare (em italiano): **me parece.**

Un'altra (em italiano): **uma outra.**

Isotta Fraschini: **marca de um carro italiano luxuoso da época.**

— E então? O que devo responder ao homem?
— Faça como entender, Bonifácio.
— Eu acho que devo aceitar.
— Pois aceite...
E puxou o lençol.

A outra proposta foi feita de fraque e veio seis meses depois.

O Conselheiro José Bonifácio
de Matos e Arruda
e senhora

têm a honra de participar a V. Exª.
e Exma. família o contrato de casamento
de sua filha Teresa Rita
com o Sr. Adriano Melli.
Rua da Liberdade, nº 259-C.

O Cav. Uff. *Salvatore Melli*
e senhora

têm a honra de participar a V. Exª. e
Exma. família o contrato de casamento de
seu filho Adriano com a Senhorinha
Teresa Rita de Matos Arruda.
Rua da Barra Funda, nº 427.

S. Paulo, 19 de fevereiro de 1927.

No chá do noivado o *Cav. Uff.* Adriano Melli na frente de toda a gente recordou à mãe de sua futura nora os bons tempinhos em que lhe vendia cebolas e batatas, ***Olio di Lucca*** e bacalhau português, quase sempre fiado e até **sem caderneta**.

Olio di Lucca **(em italiano): óleo da cidade de Lucca, na Itália.**

Sem caderneta: sem anotar as dívidas. No epílogo, a "vingança" do italiano, que revela a todos a real situação financeira da orgulhosa paulistana, acabando com sua pose.

LISETTA

Quando Lisetta subiu no bonde (o condutor ajudou) viu logo o urso. Felpudo, felpudo. E amarelo. Tão engraçadinho.

Dona Mariana sentou-se, colocou a filha em pé diante dela.

Lisetta começou a namorar o bicho. Pôs o pirulito de abacaxi na boca. Pôs mas não chupou. Olhava o urso. O urso não ligava. Seus olhinhos de vidro não diziam absolutamente nada. No colo da menina de pulseira de ouro e meias de seda parecia um urso importante e feliz.

— Olhe o ursinho que lindo, mamãe!

— ***Stai zitta!***

A menina rica viu o enlevo e a inveja de Lisetta. E deu de brincar com o urso. Mexeu-lhe com o toquinho do rabo: e a cabeça do bicho virou para a esquerda, depois para a direita, olhou para cima, depois para baixo. Lisetta acompanhava a manobra. Sorrindo fascinada. E com um ardor nos olhos! O pirulito perdeu definitivamente toda a importância.

Agora são as pernas que sobem e descem, cumprimentam, se cruzam, batem umas nas outras.

— As patas também mexem, mamãe. Olha lá!

— ***Stai ferma!***

Lisetta sentia um desejo louco de tocar no ursinho. Jeitosamente procurou alcançá-lo. A menina rica percebeu, encarou a coitada com raiva, fez uma careta horrível e apertou contra o peito o bichinho que custara cinquenta mil-réis na **Casa São Nicolau**.

— Deixa pegar um pouquinho, um pouquinho só nele, deixa?

— Ah!

— ***Scusi***, senhora. Desculpe por favor. A senhora sabe, essas crianças são muito levadas. *Scusi*. Desculpe.

Stai zitta! **(em italiano): fique calada!**

Stai ferma! **(em italiano): fique quieta!**

Casa São Nicolau: famosa casa de brinquedos no centro de São Paulo. Observe o jogo cruel que começa a se desenvolver entre o rico e o pobre, em que este vai sendo cada vez mais humilhado.

Scusi **(em italiano): desculpe.**

A mãe da menina rica não respondeu. Ajeitou o chapeuzinho da filha, sorriu para o bicho, fez uma carícia na cabeça dele, abriu a bolsa e olhou o espelho.

Dona Mariana, **escarlate** de vergonha, murmurou no ouvido da filha:

— ***In casa me lo pagherai***!

E **pespegou** por conta um beliscão no bracinho magro. Um beliscão daqueles.

Lisetta então perdeu toda a compostura de uma vez. Chorou. Soluçou. Chorou. Soluçou. Falando sempre.

— Hã! Hã! Hã! Hã! Eu que...ro o ur...so! O ur...so! Ai, mamãe. Ai, mamãe! Eu que...ro o...o...o... Hã! Hã!

— ***Stai ferma o ti amazzo, parola d'onore!***

— Um pou...qui...nho só! Hã! E...hã! E... hã! Um pou... qui...

— ***Senti, Lisetta. Non ti porterò più in città! Mai più***!

Um escândalo. E logo no banco da frente. O bonde inteiro testemunhou o feio que Lisetta fez.

O urso recomeçou a mexer com a cabeça. Da esquerda para a direita, para cima e para baixo.

— ***Non piangere più adesso***!

Impossível.

O urso lá se fora nos braços da dona. E a dona só de má, antes de entrar no **palacete** estilo empreiteiro português, voltou-se e agitou no ar o bichinho. Para Lisetta ver. E Lisetta viu.

Dem-dem! O bonde deu um solavanco, sacudiu os passageiros, deslizou, rolou, seguiu. Dem-dem!

— Olha à direita!

Lisetta como compensação quis sentar-se no banco. Dona Mariana (havia pago uma passagem só) opôs-se com energia e outro beliscão.

A entrada de Lisetta em casa marcou época na história dramática da família Garbone.

Escarlate: vermelha.

In casa me lo pagherai! **(em italiano):** em casa, você me paga!

Pespegou: aplicou.

Stai ferma o ti amazzo, parola d'onore! **(em italiano):** fique quieta ou te mato, palavra de honra!

Senti, Lisetta. Non ti porteró più in città! Mai più! **(em italiano):** Escute, Lisetta. Não te levarei mais à cidade! Nunca mais!

Non piangere più adesso! **(em italiano):** não chore mais agora!

Palacete: mansão.

Logo na porta um safanão. Depois um tabefe. Outro no corredor. Intervalo de dois minutos. Foi então a vez das chineladas. Para remate. Que não acabava mais*.

O resto da gurizada (narizes escorrendo, pernas arranhadas, suspensórios de barbante) reunido na sala de jantar **sapeava** de longe.

Mas o Ugo chegou da oficina.

— Você assim machuca a menina, mamãe! Coitadinha dela!

Também Lisetta já não aguentava mais.

— Toma pra você. Mas **não escache**.

Lisetta deu um pulo de contente. Pequerrucho. Pequerrucho e de lata. Do tamanho de um passarinho. Mas urso.

Os irmãos chegaram-se para admirar. O Pasqualino quis logo pegar no bichinho. Quis mesmo tomá-lo à força. Lisetta berrou como uma desesperada:

— Ele é meu! O Ugo me deu!

Correu para o quarto. Fechou-se por dentro.

*** Observe que, na realidade, a mãe de Lisetta desconta na filha a humilhação sofrida no bonde, pois a mulher rica não quis nem dirigir-lhe a palavra.**

Sapeava: observava às escondidas.

Não escache: não estrague.

CORINTHIANS (2) *VS.* PALESTRA (1)

Desembestou: saiu correndo. Neste conto o autor destaca a rivalidade que já existia entre o Corinthians e o Palestra Itália (atual Palmeiras, clube ligado à colônia italiana de São Paulo). Observe o estilo ágil do autor, que expressa a vivacidade do jogo e a vibração da torcida.

Parque Antártica: local em São Paulo onde ficava o campo do Palestra. Na época, era modesto, com poucas arquibancadas. Hoje, é um estádio grande e moderno, o *Allianz Parque*.

* Observe a construção da frase, em que o narrador usa a parte pelo todo: em vez de dizer que os jogadores corriam, diz que as camisas e os calções corriam.

Arquejando: ofegando, respirando com dificuldade por causa do susto.

Palhetas: chapéus de palha. Os torcedores tinham o costume de jogar os palhetas para cima nas comemorações.

Prrrrii!

— Aí, Heitor!

A bola foi parar na extrema esquerda. Melle **desembestou** com ela.

A arquibancada pôs-se em pé. Conteve a respiração. Suspirou.

— Aaaah!

Miquelina cravava as unhas no braço gordo da Iolanda. Em torno do trapézio verde a ânsia de vinte mil pessoas. De olhos ávidos. De nervos elétricos. De preto. De branco. De azul. De vermelho.

Delírio futebolístico no **Parque Antártica**.

Camisas verdes e calções negros corriam*, pulavam, chocavam-se, embaralhavam-se, caíam, contorcionavam-se, esfalfavam-se, brigavam. Por causa da bola de couro amarelo que não parava, que não parava um minuto, um segundo. Não parava.

— Neco! Neco!

Parecia um louco. Driblou. Escorregou. Driblou. Correu. Parou. Chutou.

— Gooool! Gooool!

Miquelina ficou abobada com o olhar parado. **Arquejando**. Achando aquilo um desaforo, um absurdo.

— Aleguá-guá-guá! Aleguá-guá-guá! Hurra! Hurra! Corinthians!

Palhetas subiram no ar. Com os gritos. Entusiasmos rugiam. Pulavam. Dançavam. E as mãos batendo nas bocas:

— Go-o-o-o-o-o-o-ol!

Miquelina fechou os olhos de ódio.

— Corinthians! Corinthians!

Tapou os ouvidos.

— Já me estou deixando ficar com raiva!

A exaltação decresceu como um trovão.

— O Rocco é que está garantindo o Palestra. Aí, Rocco! Quebra eles sem dó!

A Iolanda achou graça. Deu risada.

— Você está ficando maluca, Miquelina. Puxa! Que bruta paixão!

Era mesmo. Gostava do Rocco, pronto. Deu o fora no Biagio (o jovem e esperançoso esportista Biagio Panaiocchi, **diligente** auxiliar da firma desta praça G. Gasparoni & Filhos e **denodado** meia-direita do S. C. Corinthians Paulista, campeão do Centenário) só por causa dele.

— Juiz ladrão, indecente! Larga o apito, **gatuno**!

Na Sociedade Beneficente e Recreativa do **Bexiga** toda a gente sabia de sua história com o Biagio. Só porque ele era frequentador dos bailes dominicais da Sociedade não pôs mais os pés lá. E passou a torcer para o Palestra. E começou a namorar o Rocco.

— O Palestra **não dá pro pulo**!

— Fecha essa latrina, seu burro!

Miquelina ergueu-se na ponta dos pés. Ergueu os braços. Ergueu a voz:

— Centra, Matias! Centra, Matias!

Matias centrou. A assistência silenciou. Imparato **emendou**. A assistência berrou.

— Palestra! Palestra! Aleguá-guá! Palestra! Aleguá! Aleguá!

O italianinho sem dentes com um soco furou a palheta **Ramenzoni** de contentamento. Miquelina nem podia falar. E o menino de **ligas** saiu de seu lugar, todo ofegante, todo vermelho, todo triunfante, e foi dizer para os primos corinthianos na última fileira da arquibancada:

— Conheceram, seus canjas?

O campo ficou vazio.

— O'...lh'a **gasosa**!

Moças comiam amendoim torrado sentadas nas capotas dos automóveis. A sombra avançava no gramado maltratado. Mulatas de vestidos azuis ganhavam beliscões. E riam*. Torcedores discutiam com gestos.

Diligente: zeloso.

Denodado: esforçado.

Gatuno: ladrão.

Bexiga: um dos bairros de São Paulo onde viviam muitos imigrantes italianos.

Não dá pro pulo: não dá pra saída, é fraco.

Emendou: completou (o lance).

Ramenzoni: famosos chapéus produzidos pela fábrica fundada pelo imigrante italiano Dante Ramenzoni, em 1894.

Ligas: fitas elásticas. Nessa época, era comum o uso de ligas para segurar as meias.

Gasosa: limonada gasosa, um tipo de refrigerante da época.

* Observe que essa passagem (desde "mulatas" até "riam") revela um aspecto do comportamento das pessoas na época, cem anos atrás, muito diferente do que se aceita hoje em dia.

— O'...lh'a gasosa!

Um aeroplano passeou sobre o campo.

Miquelina mandou pelo irmão um recado ao Rocco.

— Diga pra ele quebrar o Biagio que é o perigo do Corinthians.

Filipino mergulhou na multidão.

Palmas saudaram os jogadores de cabelos molhados.

Prrrrii!

— O Rocco disse pra você ficar sossegada.

Amílcar deu uma cabeçada. A bola foi bater em Tedesco que saiu correndo com ela. E a linha toda avançou.

— Costura, macacada!

Mas o juiz marcou um impedimento.

— Vendido! Bandido! Assassino!

Turumbamba na arquibancada. O **refle** do sargento subiu a escada.

— Não pode! Põe pra fora! Não pode!

Turumbamba na geral. A cavalaria movimentou-se.

Miquelina teve medo. O sargento prendeu o palestrino, Miquelina protestou baixinho:

— Nem torcer a gente pode mais! Nunca vi!

— Quantos minutos ainda?

Oito.

Biagio alcançou a bola. Aí, Biagio! Foi levando, foi levando. Assim, Biagio! Driblou um. Isso! Fugiu de outro. Isso! Avançava para a vitória. **Salame** nele, Biagio! **Arremeteu**. Chute agora! Parou. Disparou. Parou. Aí! Reparou. Hesitou. Biagio! Biagio! Calculou. Agora! Preparou-se. Olha o Rocco! É agora. Aí! Olha o Rocco! Caiu.

— CA-VA-LO!

Prrrrii!

— Pênalti!

Miquelina pôs a mão no coração. Depois fechou os olhos. Depois perguntou:

Turumbamba: confusão, tumulto.

Refle: tipo de espada curta usada por policiais da época.

Salame: drible.

Arremeteu: avançou impetuosamente.

— Quem é que vai bater, Iolanda?

— O Biagio mesmo.

— Desgraçado.

O medo fez silêncio.

Prrrrii!

Pan!

— Go-o-o-o-ol! Corinthians!

— Quantos minutos ainda?

Pri-pri-pri!

— Acabou, Nossa Senhora!

Acabou.

As árvores da geral derrubaram gente*.

— Abr'a porteira! Rá! Fech'a porteira! Prá!

O entusiasmo** invadiu o campo e levantou o Biagio nos braços.

— Solt'o rojão! Fiu! Rebent'a bomba! Pum! CORINTHIANS!

O ruído dos automóveis festejava a vitória. O campo foi se esvaziando como um tanque. Miquelina murchou dentro de sua tristeza.

— Que é, que é? É jacaré? Não é!

Miquelina nem sentia os empurrões.

— Que é, que é? É tubarão? Não é!

Miquelina não sentia nada.

— Então que é? CORINTHIANS!

Miquelina não vivia.

Na Avenida Água Branca os bondes formando cordão esperavam **campainhando o zé-pereira**.

— Aqui, Miquelina.

Os três espremeram-se no banco onde já havia três. E gente no estribo. E gente na coberta. E gente nas plataformas. E gente do lado da **entrevia**.

A alegria dos vitoriosos demandou a cidade. Berrando, assobiando e cantando. O mulato com a mão no guindaste é quem puxava a **ladainha**:

*** Observe a expressividade dessa frase: o narrador compara as arquibancadas de madeira a árvores e galhos, de onde numerosos torcedores desciam ao mesmo tempo, ou melhor, eram jogados ao chão.**

**** O narrador novamente usa a linguagem figurada, dizendo que o "entusiasmo" invadiu o campo, em vez de dizer que os torcedores entusiasmados invadiram o campo. O mesmo acontece dois parágrafos adiante com a palavra "ruído".**

Campainhando o zé-pereira: fazendo soar a campainha como se fosse um cortejo de carnaval. O zé-pereira era o nome dado a um ritmo carnavalesco.

Entrevia: espaço entre duas vias de trânsito.

Ladainha: oração religiosa repetitiva. Aqui, tem o sentido genérico de frases ditas por uma pessoa e respondida em coro pelas demais.

— O Palestra levou na testa!

E o pessoal entoava:

— ***Ora pro nobis!***

Ao lado de Miquelina o gordo de lenço no pescoço desabafou:

— Tudo culpa daquela besta do Rocco!

— Ouviu, não é Miquelina? Você ouviu?

— Não liga pra esses trouxas, Miquelina.

— Como não liga?

— O Palestra levou na testa!

— Cretinos.

— *Ora pro nobis!*

Só a tiro.

— Diga uma coisa, Iolanda. Você vai hoje na Sociedade?

— Vou com o meu irmão.

— Então passa por casa que eu também vou.

— Não!

— Que bruta admiração! Por que não?

— E o Biagio?

— Não é de sua conta.

Os **pingentes** mexiam com as moças de braço dado nas calçadas.

Ora pro nobis! **(em latim): roga por nós! Frase repetida nas ladainhas, dita aqui pelos torcedores em tom de brincadeira.**

Pingentes: passageiros que viajam no estribo do bonde.

NOS ANOS 1920, O PARQUE ANTÁRTICA (CAMPO DO PALESTRA ITÁLIA) TINHA ARQUIBANCADAS SOCIAIS DE MADEIRA.

PARTIDA ENTRE PALESTRA ITÁLIA E CORINTHIANS.

NOTAS BIOGRÁFICAS DO NOVO DEPUTADO

O coronel recusou a sopa.

— Que é isso, Juca? Está doente?

O coronel coçou o queixo. Revirou os olhos. Quebrou um palito. Deu um estalo com a língua.

— Que é que você tem, homem de Deus?

O coronel não disse nada. Tirou uma carta do bolso de dentro. Pôs os óculos.

Começou a ler:

— *Exmo. sr. coronel Juca.*

— De quem é?

— Do administrador da Santa Inácia.

— Já sei. Geada?

— Escute. *Exmo. sr. coronel Juca. Respeitosas Saudações. Em primeiro lugar Saudo-vos. V. Ecia. e D. Nequinha. Coronel venho por meio desta respeitosamente comunicar para V. E. que o cafezal novo agradeceu bastante as chuvarada desta semana. E tal e tal e tal. Me acho doente diversos incomodos divido o serviço.**

— Coitado.

— Mas não é isso. *O major Domingo Neto mandou buscar a vacca*... Oh senhor! Não acho...

— Na outra página, Juca.

— Está aqui. Vá escutando. *Em último lugar vos comunico que o seu comprade João Intaliano morreu...*

— Meu Deus, não diga?!

— *... morreu segunda que passou de uma anemia nos rim: Por esses motivos recolhi em casa o vosso afilhado e orpham Gennarinho. Pesso para V. E. que me mande dizer o distino*, e tal. E agora, mulher?

Dona Nequinha suspirou. Bebeu um gole de água. Mandou levar a sopa.

— E então?

Dona Nequinha passou a língua nos lábios. Levantou a tampa da farinheira. Arranjou o **virote**.

— E então. Que é que eu respondo?

*** Observe que a carta vem transcrita com vários erros de ortografia, indicando que o administrador da fazenda mal sabia escrever.**

Virote: o mesmo que birote, penteado que junta os cabelos no alto da cabeça.

Dona Nequinha pensou. Pensou. Pensou. E depois:

— Vamos pensar bem primeiro, Juca. Não coma o torresmo que faz mal. Amanhã você responde. E deixe-se de extravagâncias.

Gennarinho desceu na estação da Sorocabana com o nariz escorrendo. Todo **chibante**. De chapéu vermelho. Bengalinha na mão. Rebocado pelo filho mais velho do administrador. E com uma carta para o Coronel J. Peixoto de Faria.

Tomou o coche Hudson que estava à sua espera. Veio desde a estação até a Avenida Higienópolis com a cabeça para fora do automóvel soltando cusparadas. Apertou o dedo no portão. Disse uma palavra feia. Subiu as escadas berrando.

— Tire o chapéu.

Tirou.

— Diga boa noite.

Disse.

— Beije a mão dos padrinhos.

Beijou.

— Limpe o nariz.

Limpou com o chapéu.

— Pronto, Nhãzinha. A telefonista cortou. Chegou anteontem. Espertinho como ele só. Nem você imagina. Tem nove anos. É sim. Crescidinho. Juca ficou com dó dele. Pois é. Coitadinho. Imagine. Pois é. Faz de conta que é um filho. Já estou querendo bem mesmo. Gennarinho. O quê? É sim. Nome meio esquisito. Também acho. O Juca está que não pode mais de satisfeito. Ele que sempre desejou ter tanto um filho, não é? Pois então. Nasceu no **Brás**. O pai era não sei o quê. Estava na fazenda há cinco anos já. Bom, Nhãzinha. O Juca está me chamando. Beijos na Marianinha. Obrigada. O mesmo. Até amanhã. Ah! Ah! Ah! Imagine! Nesta idade!... Até amanhã, Nhãzinha. Que é que você queria, Juca?

— Agora é tarde. Você não sabe o que perdeu...

— O Gennarinho, é?

Chibante: elegante.

Brás: um dos bairros paulistanos onde viviam muitos imigrantes italianos.

— Diabinho de menino! Querendo a toda força levantar a saia da Atsué.

— Mas isso não está direito, Juca. Vou já e já...

— É. Direito não está mesmo. Mas é engraçado.

— ... dar uns tapas nele.

— Não faça isso, ora essa! Dar à toa no menino!

— Não é à toa, Juca.

— Bom. Então dê. Olhe aqui: eu mesmo dou, sabe? Eu tenho mais jeito.

Um dia na mesa o coronel implicou:

— Esse negócio de Gennarinho não está certo. Gennarinho não é nome de gente. Você agora passa a se chamar Januário que é a tradução. Eu já indaguei. Ouviu? Eta menino impossível! Sente-se já aí direito! Você passa a se chamar Januário. Ouviu?

— Ouvi.

— Não é assim que se responde. Diga sem se mexer na cadeira: Ouvi, sim senhor.

— Ouvi, sim senhor coronel!

Dona Nequinha riu como uma perdida. Da resposta e da continência.

Uma noite na cama Dona Nequinha perguntou:

— Juca: você já pensou no futuro do menino?

O coronel estava dorme não dorme. Respondeu bocejando:

— Já-á-á!...

— Que é que você resolveu?

O coronel levou um susto.

— O quê? Resolveu o quê?

— O futuro do menino, homem de Deus!

— Hã!...

— Responda.

O coronel coçou primeiro o pescoço.

— Para falar a verdade, Nequinha, ainda não resolvi nada.

O suspiro desanimado da **consorte** foi um protesto contra tamanha indecisão.

Consorte: esposa.

— Mas você não há de querer que ele cresça um vagabundo, eu espero.

— Pois está visto que não quero.

Aproveitando o silêncio o despertador bateu mais forte no criado-mudo. Dona Nequinha ajeitou o travesseiro. São José dentro de sua redoma espiou o voo de dois pernilongos.

— Eu acho que... Apague a luz que está me incomodando.

— Pronto. Acho o quê?

— Eu acho que a primeira coisa que se deve fazer é meter o menino num colégio.

— Num colégio de padres.

— É.

— Eu sou católica. Você também é. O Januário também será.

— Muito bem.

— Você parece que está dizendo isso assim sem muito entusiasmo...

Era sono.

— Amanhã-ã-ã... ai! ai!... nós vemos isso direito, Nequinha...

Até o coronel ajudou a aprontar o Januário. Foi quem pôs ordem na cabelada cor de abóbora. Na terceira tentativa fez uma risca bem no meio da cabeça.

— Agora só falta a merenda.

Dona Nequinha preparou logo. Pão francês. Goiabada Pesqueira. Queijo Palmira.

— Diga pro Inácio tirar o automóvel. O fechado.

A comoção era geral. Dona Nequinha apertou mais uma vez a gravata azul do Januário. O coronel deu uma escovadela pensativa no gorro. Januário fez uma cara de vítima.

— Vamos indo que está na hora.

Dona Nequinha (o coronel já se achava no meio da escadaria de mármore carregando a pasta colegial) beijou mais uma vez a testa do menino. **Chuchurreadamente**. Maternalmente.

Chuchurreadamente: **com barulho dos lábios.**

— Vá, meu filhinho. E tenha muito juízo, sim? Seja muito respeitador. Vá.

Todo compenetrado, de pescoço duro e passo duro, Januário alcançou o coronel.

A meninada entrava no Ginásio de São Bento em silêncio e beijava a mão do senhor Reitor. Depois disparava pelos corredores jogando os chapéus no ar. As aulas de portas abertas esperavam de carteiras vazias. O berreiro sufocava o apito dos vigilantes.

— Cumprimente o Senhor Reitor.

Dom Estanislau deu umas palmadinhas na nuca do Januário. Januário tremeu.

— Crescidinho já. Muito bem. Muito bem. Como se chama?

Januário não respondeu.

— Diga o seu nome para o Senhor Reitor.

— Januário.

— Ah! Muito bem. Januário. Muito bem. Januário de quê?

Januário estava louco para ir para o recreio. Nem ouviu.

— Diga o seu nome todo, menino!

Com os olhos no coronel:

— Januário Peixoto de Faria.

O porteiro apareceu com uma sineta na mão. Dlin-dlin! Dlin-dlin! Dlin-dlin!

O coronel seguiu para o São Paulo Clube pensando em fazer testamento.

O MONSTRO DE RODAS

O Nino apareceu na porta. Teve um arrepio. Levantou a gola do paletó.

— Ei, Pepino! Escuta só o frio!

Na sala discutiam agora a hora do enterro. A Aída achava que de tarde ficava melhor. Era mais bonito. Com o filho dormindo no colo Dona Mariângela achava também. A fumaça do cachimbo do marido ia dançar bem em cima do caixão.

— Ai, Nossa Senhora! Ai, Nossa Senhora!

Dona Nunzia descabelada enfiava o lenço na boca.

— Ai, Nossa Senhora! Ai, Nossa Senhora!

Sentada no chão a mulata oferecia o copo de água de flor de laranja.

— Leva ela pra dentro!

— Não! Eu não quero! Eu... não... quero!...

Mas o marido e o irmão a arrancaram da cadeira e ela foi gritando para o quarto. Enxugaram-se lágrimas de dó.

— Coitada da Dona Nunzia!

A negra de sandália sem meia principiou a segunda volta do terço.

— Ave Maria, cheia de graça, o Senhor...

Carrocinhas de padeiro derrapavam nos paralelepípedos da Rua Sousa Lima. Passavam cestas para a feira do Largo do Arouche. Garoava na madrugada roxa.

— ... da nossa morte. Amém. Padre Nosso que estais no Céu...

O soldado espiou da porta. Seu Chiarini começou a roncar muito forte. Um bocejo. Dois bocejos. Três. Quatro. — ... de todo o mal. Amém.

A Aída levantou-se e foi espantar as moscas do rosto do anjinho.

O violão e a flauta **recolhendo da farra** emudeceram respeitosamente na calçada.

Recolhendo da farra: **voltando da noite de farra. Observe o uso da linguagem figurada: o narrador se refere aos instrumentos e não às pessoas que os carregavam.**

Na sala de jantar Pepino bebia cerveja em companhia do Américo Zamponi (SALÃO PALESTRA ITÁLIA —

Engraxa-se na perfeição a 200 réis) e o Tibúrcio (— O Tibúrcio... — mulato? — Quem mais há de ser?).

— Quero só ver daqui a pouco a notícia do ***Fanfulla***. Deve **cascar** o **almofadinha**.

— Xi, Pepino! Você é ainda muito criança. Tu é ingênuo, rapaz. Não conhece a podridão da nossa imprensa. Que o quê, meu nego. Filho de rico manda nesta terra que nem a **Light**. Pode matar sem medo. É ou não é, Seu Zamponi?

Seu Américo Zamponi soltou um palavrão, cuspiu, soltou outro palavrão, bebeu, soltou mais outro palavrão, cuspiu.

— É isso mesmo, Seu Zamponi, é isso mesmo!

O caixãozinho cor-de-rosa com listas prateadas (Dona Nunzia gritava) surgiu diante dos olhos assanhados da vizinhança reunida na calçada (a molecada pulava) nas mãos da Aída, da Josefina, da Margarida e da Linda.

— Não precisa ir depressa para as moças não ficarem **escangalhadas**.

A Josefina na mão livre sustentava um ramo de flores. Do outro lado a Linda tinha a sombrinha verde aberta. Vestidos engomados, armados, um branco, um amarelo, um creme, um azul. O enterro seguiu.

O pessoal feminino da reserva carregava dálias e palmas-de-são-josé. E na calçada os homens caminhavam **descobertos**.

O Nino quis fechar com o Pepino uma aposta de **quinhentão**.

— A gente vai contando os trouxas que tiram o chapéu até a gente chegar no **Araçá**. Mais de cinquenta você ganha. Menos, eu.

Mas o Pepino não quis. E pegaram uma discussão sobre qual dos dois era o melhor: **Friedenreich ou Feitiço**.

— Deixa eu carregar agora, Josefina?

— Puxa, que **fiteira**! Só porque a gente está chegando na **Avenida Angélica**. Que mania de se mostrar, que você tem!

Fanfulla: jornal da colônia italiana fundado em 1893 e que existe até hoje.

Cascar: criticar.

Almofadinha: modo irônico e pejorativo de se falar de um homem rico, bem-vestido.

Light: empresa de capital canadense encarregada da geração e distribuição de energia elétrica em São Paulo a partir de 1899. Foi comprada pelo governo paulista em 1981.

Escangalhadas: exaustas.

Descobertos: sem chapéu.

Quinhentão: quinhentos réis, antiga moeda usada no Brasil até 1942.

Araçá: nome de um cemitério da cidade de São Paulo.

Friedenreich e Feitiço: dois famosos jogadores de futebol da época.

Fiteira: fingida.

Avenida Angélica: avenida de um rico e elegante bairro paulistano.

O **grilo** fez continência. Automóveis disparavam para o **corso** com mulheres de pernas cruzadas mostrando tudo. Chapéus cumprimentavam dos ônibus, dos bondes. Sinais-da-santa-cruz. Gente parada.

Na Praça Buenos Aires, Tibúrcio já havia arranjado três votos para as próximas eleições municipais.

— Mamãe, mamãe! Venha ver um enterro, mamãe!

Aída voltou com a chave do caixão presa num lacinho de fita. Encontrou Dona Nunzia sentada na beira da cama olhando o retrato que a *Gazeta* publicara. Sozinha. Chorando.

— Que linda que era ela!

— Não vale a pena pensar mais nisso, Dona Nunzia...

O pai tinha ido conversar com o advogado*.

Grilo: guarda de trânsito. Eles eram chamados assim por causa do som do apito que usavam.

Corso: cortejo de carnaval, desfile de carros enfeitados. Observe o contraste entre o cortejo fúnebre e o carnavalesco.

*** Observe que o conto não esclarece detalhes do acidente que causou a morte da menina. Isso fica apenas sugerido pelo título. O conto termina com a mulher solitária chorando sua dor, enquanto o marido tenta buscar a justiça para fazer o almofadinha pagar pelo que fez.**

ARMAZÉM PROGRESSO DE SÃO PAULO

O armazém do Natale era célebre em todo o Bexiga por causa deste anúncio:

Aviso às Excelentíssimas Mães de Família!
O Armazém Progresso de São Paulo
DE NATALE PIENOTTO
TEM ARTIGOS DE TODAS AS QUALIDADES
DÁ-SE UM CONTO DE RÉIS
A QUEM PROVAR O CONTRÁRIO
N. B. — Jogo de *bocce* com serviço de restaurante nos fundos.

Isso em letras formidáveis na fachada e em **prospectos** entregues a domicílio.

O filho do doutor da esquina, que era muito **pândego** e comprava cigarros no armazém mandando-os debitar na conta do pai com outro nome, **bulia** todos os santos dias com o Natale:

— Seu Natale, o senhor tem pneumáticos-balão aí?

— Que negócio é esse?

— Ah, não tem? Então passe já para cá um conto de réis.

— Você não vê logo, Zezinho, que isso é só para tapear os trouxas? Que é que você quer? Um maço de **Sudan Ovais**? E como é na caderneta?

— Bote hoje uma Si-Si que é também pra tapear o trouxa.

O Natale achava uma graça imensa e escrevia: *Duas Si-Si pro Sr. Zezinho — 1$200.*

O Armazém Progresso de São Paulo começou com uma porta no lado par da Rua da Abolição. Agora tinha quatro no lado ímpar.

Um conto de réis: o real (plural: réis), antiga moeda do Brasil, foi usada até 1942. Um conto de réis era uma grande quantia na época.

***Bocce* (em italiano):** bocha é um jogo que consiste em atirar bolas pesadas de madeira de uma certa distância para aproximá-las o máximo possível de uma outra, pequena, chamada bolim. Esse esporte foi muito popularizado no Brasil pelos imigrantes italianos.

Prospectos: folhetos.

Pândego: alegre, engraçado.

Bulia: mexia, provocava.

Sudan Ovais: famosa marca de cigarros.

Também o Natale não despregava do balcão de madrugada a madrugada. Trabalhava como um danado. E Dona Bianca suando firme na cozinha e no *bocce*.

— Se não é essa coisa de imposto, puxa vida!

Mas a caderneta da **Banca Francese ed Italiana per L'America del Sud** ria dessa coisa de imposto.

— Dá aí duzentão de cachaça!

O negro fedido bebeu de um gole só. Começou a cuspir.

No quintal o pessoal do *bocce* gritava que nem no futebol. Entusiasmos estalavam:

— ***Evviva il campionissimo!***

O Ferrúcio entrou de pé no chão e relógio-pulseira.

— Mais duas de **Hamburguesa**, Seu Natale.

Meninas **enlaçadas** passeavam na calçada. O **lampião de gás** piscava pra elas. A locomotiva fumegando no carrinho de mão apitava amendoim torrado*. O Brodo passou cantando.

Natale veio à porta da rua estirar os braços. Em frente a Confeitaria Paiva Couceiro expunha **renques de cebola** e a mulher do proprietário grávida com um filhinho no colo. Esse espetáculo diário era um gozo para o Natale. Cebola era artigo que estava por preço que as excelentíssimas mães de família achavam uma beleza de preço. E o **mondrongo** coitado tinha um colosso de cebolas galegas empatado na confeitaria. Natale que não perdia tempo calculou logo quanto poderia oferecer por toda aquela mercadoria (cebolas e o resto) no leilão da falência: dez contos, talvez sete, quem sabe cinco. O português não aguentaria mesmo o tranco por mais tempo.

— Dona Bianca está chamando o senhor depressa na cozinha.

Resolveu primeiro apertar o homem no vencimento da **letra**. E acendeu um **Castro Alves**.

A roda de *pizza* chiava na panela.

— ***Con molte alici, eh dama Bianca!***

Banca Francese ed Italiana per L'America del Sud (em italiano): Banco Francês e Italiano da América do Sul.

Evviva il campionissimo! **(em italiano):** Viva o campeoníssimo!

Hamburguesa: marca de cerveja.

Enlaçadas: abraçadas.

Lampião de gás: a iluminação pública de São Paulo era feita com lampiões de gás.

* Os vendedores de amendoim torrado andavam pela cidade com seus carrinhos de mão que soltavam fumaça. Por isso, o narrador os compara a locomotivas fumegantes.

Renques de cebola: uma série de cebolas ligadas umas às outras.

Mondrongo: apelido pejorativo que se dava aos portugueses.

Letra: título de crédito. Isto é, Natale tinha emprestado dinheiro ao português e, de olho no monte de cebolas, resolveu cobrar a dívida.

Castro Alves: marca de cigarro da época.

Con molte alici, eh dama Bianca! **(em italiano):** com bastante aliche, hein, dona Bianca!

— ***Si capisce, sor Luigi!***

Natale entrou.

— Vem aqui no quarto.

Natale foi meio desconfiado!

— Que é?

Bianca quando dava para falar era aquela desgraça.

— José Espiridião, o mulato, o do Abastecimento, ora, o da Comissão do Abastecimento...

— Já sei.

... estava ali no quintal assistindo a uma partida de *bocce*. Conversando com o Giribello, o sapateiro, o pai da Genoveva...

— Já sei.

Bianca foi levar lá um prato de não sei o quê e o sem-vergonha do mulato até brincara com ela. Disse umas gracinhas. Mas ela não ficou quieta não. Que esperança. Deu uma resposta até que o Espiridião ficou até assim meio...

— Já sei.

Pois é. Ela ficou ali espiando o *bocce* porque era a vez do Nicola jogar. E como o Nicola já sabe é o campeão e estava num dia mesmo de...

— Sei!

Pois é. Ela ficou espiando. E também escutando o que o Espiridião estava dizendo para o Giribello. Não é que ela fazia questão de escutar o que ele falava. Não. Mas ela estava ali perto — não é? — então...

— SEI!

O Espiridião falava assim para o Giribello que a crise era um fato, que a cebola por exemplo ia ficar pela hora da morte. O pessoal da Comissão do Abastecimento andava até...

— SEI!

Ela então não quis ouvir mais nada. Veio correndo e mandou o Ferrúcio chamá-lo para lhe dizer que desse um jeito com o português.

— Já sei...

Si capisce, sor Luigi! **(em italiano): é claro, seu Luigi!**

Se não aproveitasse agora nunca mais. O homem que desse em pagamento da letra as...

— Dona Bianca! Venha depressa que o Dino quer avançar nas comidas!

— Mais um copo, Seu Doutor?

José Espiridião aceitava o título e a cerveja.

— Pois é como estou lhe contando, Seu Natale. A tabela vai subir porque a colheita foi fracota como o diabo. Ai, ai! Coitado de quem é pobre.

Natale abriu outra **Antártica**.

— Cebola até o fim do mês está valendo três vezes mais. Não demora muito temos cebola aí a cinco mil-réis o quilo ou mais. Olhe aqui, amigo Natale: trate de bancar o **açambarcador**. Não seja besta. O pessoal da alta que hoje cospe na cabeça do povo enriqueceu assim mesmo. Igualzinho.

Natale já sabia disso.

— Se o doutor me promete ficar quieto — compreende? — e o negócio dá certo o doutor leva também as suas vantagens*...

Espiridião já sabia disso.

Dona Bianca pôs o Nino na caminha de ferro. Ele ficou com uma perna fora da coberta. Toda cheia de feridas.

Então o Natale entrou assobiando a **Tosca**. A mulher olhou para ele. Percebeu tudo. Perguntou por perguntar:

— Arranjou?

Natale segurou-a pelas orelhas, quase encostou o nariz no dela.

— Diga se eu tenho cara de trouxa!

Deu na Dona Bianca um empurrão contente da vida, deu uma volta sobre os calcanhares, deu um soco na cômoda, saiu e voltou com meio litro de ***Chianti Ruffino***. Parou. Olhou para a garrafa. Hesitou. Saiu de novo. E trouxe meia **Pretinha**.

Antártica: marca de cerveja.

Açambarcador: aquele que compra tudo o que há disponível de uma certa mercadoria.

*** Natale promete umas "vantagens" ao funcionário do governo se ele não disser nada a ninguém. Como se vê, a questão da corrupção de agentes do governo já era comum naquela época.**

Tosca: famosa ópera do compositor italiano Giacomo Puccini (1858-1924).

Chianti Ruffino: marca de vinho.

Pretinha: cerveja preta. Observe que, mesmo para comemorar, Natale decide não gastar muito e troca o vinho pela cerveja.

Dona Bianca deitou-se sem apagar a luz. Olhou muito para o Dino que dormia de boca aberta. Olhou muito para o ***Santo Antonio Di Padova col Gesù Bambino*** bem no meio da parede amarela. Mais uma vez olhou muito para o Dino que mudara de posição. E fechou os olhos para se ver no palacete mais caro da Avenida Paulista*****.

Santo Antonio Di Padova col Gesù Bambino **(em italiano): Santo Antônio de Pádua com o Menino Jesus.**

*** Dona Bianca já se imagina rica com os negócios do marido e sonha com uma mansão na avenida mais chique da cidade na época.**

NACIONALIDADE

O barbeiro Tranquillo Zampinetti da Rua do Gasômetro nº 224-B entre um cabelo e uma barba lia sempre os comunicados de guerra* do **Fanfulla**. Muitas vezes em voz alta até. De puro entusiasmo. ***La fulminante investita dei nostri bravi bersaglieri ha ridotto le posizione nemiche in un vero amazzo di rovine. Nel campo di battaglia sono restati circa cento e novanta nemici. Dalla nostra parte abbiamo perduto due cavalli ed è rimasto ferito un bravo soldato, vero eroe, che si è avventurato troppo nella conquista fatta da solo di una batteria nemica***.

Comunicava ao Giacomo engraxate (SALÃO MUNDIAL) a nova vitória e entoava:

Tripoli sarà italiana,
sarà italiana al rombo di cannone!

Nesses dias memoráveis diante dos fregueses assustados brandia a navalha como uma espada:

— ***Caramba, come dicono gli spagnoli!***

Mas tinha um desgosto. Desgosto patriótico e doméstico. Tanto o Lorenzo como o Bruno (Russinho para a **saparia** do Brás) não queriam saber de falar italiano. Nem brincando. O Lorenzo era até irritante.

— Lorenzo! ***Tua madre ti chiama!***

Nada.

— ***Tua madre ti chiama, ti dico!***

Inútil.

— ***Per l'ultima volta, Lorenzo! Tua madre ti chiama, hai capito?***

Que o quê.

— ***Stai attento che ti rompo la faccia, figlio d'un cane sozzaglione, che non sei altro!***

— Pode ofender que eu não entendo! Mamãe! Mamãe! MAMÃE!

Cada surra que só vendo.

* Alusão à primeira guerra mundial (1914-1918).

Fanfulla: jornal da colônia italiana fundado em 1893.

La fulminante ...nemica (em italiano): a fulminante investida dos nossos bravos soldados reduziu a posição inimiga a um verdadeiro monte de ruínas. No campo de batalha ficaram cerca de cento e noventa inimigos. Do nosso lado, perdemos dois cavalos e ficou ferido um bravo soldado, verdadeiro herói, que se aventurou demais na conquista, sozinho, de uma bateria inimiga.

Tripoli ...cannone! (em italiano): Trípoli será italiana, / será italiana a tiros de canhões!

Caramba ...spagnoli! (em italiano): caramba, como dizem os espanhóis!

Saparia: turma.

Tua madre ti chiama! (em italiano): sua mãe está chamando você!

Tua madre ti chiama, ti dico! (em italiano): sua mãe está chamando você, estou dizendo!

Per ...capito? (em italiano): pela última vez, Lorenzo! Sua mãe está chamando você, entendeu?

Stai ...altro! (em italiano): presta atenção que eu quebro sua cara, filho de um cão imundo, que é o que você é!

Depois do jantar Tranquillo punha duas cadeiras na calçada e chamava a mulher. Ficavam **gozando a fresca** uma porção de tempo. Tranquillo cachimbando. Dona Emília fazendo meias roxas, verdes, amarelas. Às vezes o Giacomo vinha também carregando a sua cadeira de palha grossa.

Raramente abriam a boca. Quase que para cumprimentar só:

— ***Buona sera***, Crispino.

— ***Tanti saluti a casa, sora Clementina***.

Mas **quando dava na telha do Carlino Pantaleoni**, proprietário da QUITANDA BELLA TOSCANA, de vir também se reunir ao grupo era uma vez o silêncio. Falava tanto que nem parava na cadeira. Andava de um lado para outro. Com grandes gestos. E era um desgraçado: citava **Dante Alighieri e Leonardo da Vinci**. Só esses. Mas também sem titubear. E vinte vezes cada dez minutos. Desgraçado!

O assunto já sabe: Itália. Itália e mais Itália. Porque a Itália isto, porque a Itália aquilo. E a Itália quer, a Itália faz, a Itália é, a Itália manda.

Giacomo era menos **jacobino**. Tranquillo era muito. Ficava quieto porém.

É. Ficava quieto. Mas ia dormir com aquela ideia na cabeça: voltar para a pátria.

Dona Emília sacudia os ombros.

Um dia o Ferrucio candidato do governo a terceiro juiz de paz do distrito veio **cabalar o voto** do Tranquillo. Falou. Falou. Falou. Tranquillo escanhoando o rosto do político só escutava.

— ***Siamo intesi?***

— ***No. Non sono elettore.***

— ***Non é elettore? Ma perchè?***

— ***Perchè sono italiano, mio caro signore.***

— ***Ma che c'entra la nazionalità, Dio Santo? Pure io sono italiano e farò il giudice!***

— ***Sta bene, sta bene. Penserò.***

Gozando a fresca: tomando ar fresco.

***Buona sera* (em italiano):** boa noite.

***Tanti saluti a casa, sora Clementina* (em italiano):** muitas saudações em casa, dona Clementina.

Quando dava na telha do Carlino Pantaleoni: quando Carlino Pantaleoni resolvia.

Dante Alighieri e Leonardo da Vinci: dois famosos nomes da arte italiana.

Jacobino: nacionalista.

Cabalar o voto: tentar ganhar o voto de alguém.

***Siamo intesi?* (em italiano):** estamos entendidos?

***No. Non sono elettore* (em italiano):** não. Não sou eleitor.

***Non é elettore? Ma perchè?* (em italiano):** não é eleitor? Mas por quê?

***Perchè sono italiano, mio caro signore* (em italiano):** porque sou italiano, meu caro senhor.

***Ma che c'entra ... il giudice* (em italiano):** mas o que importa a nacionalidade, santo Deus? Eu também sou italiano e serei juiz.

***Sta bene, sta bene. Penserò* (em italiano):** está bem, está bem. Vou pensar.

E votou com outra caderneta.

Depois gostou. Alistou-se eleitor. E deu até para cabalar.

A guerra europeia encontrou Tranquillo Zampinetti proprietário de quatro prédios na Rua do Gasômetro, dois na Rua Piratininga, cabo influente do Partido Republicano Paulista e ***dileto*** compadre do primeiro subdelegado do Brás; o Lorenzo interessado da firma Vanzinello & Cia. e noivo da filha mais velha do Major Antônio Del Piccolo, membro do diretório governista do Bom Retiro; o Bruno vice-presidente da Associação Atlética Pingue-Pongue e primeiranista do Ginásio do Estado.

Tranquillo agitou-se todo. Comprou um mapa das operações com as respectivas bandeirinhas*. Colocou no salão o retrato da **família real**. Enfeitou o lustre com papel de seda tricolor.

— ***Questa volta Guglielmone avrà il suo!***

Lorenzo noivava. Bruno caçoava.

Dona Clementina pouco ligava. Mas no dia em que o marido resolveu influenciado pelo Carlino subscrever para o empréstimo de guerra protestou indignada. Tranquillo deu dois gritos patrióticos. Dona Emília deu três econômicos**. Tranquillo cedeu. E mostrou ao Carlino como explicação a sua caderneta de eleitor.

Aos poucos mesmo foi-se desinteressando da guerra. E chegou à perfeição de ficar quieto na tarde em que o Bruno entrou pela casa adentro berrando como um possesso:

Il General Cadorna
scrisse alla Regina:
Si vuol vedere Trieste
t'la mando in cartolina...

E o Bruno só para **moer** não cantou outra coisa durante três dias.

Dileto: estimado.

*** Isto é, fez um mapa mostrando as manobras militares dos diversos exércitos, representados pelas bandeirinhas dos respectivos países.**

Família real: família de Vitor Emanuel III, rei da Itália na época.

Questa ...suo! **(em italiano): desta vez, Guilhermão verá o que é bom! Alusão irônica a Guilherme II, imperador alemão. A Itália era inimiga da Alemanha na primeira guerra mundial.**

**** Observe o tom humorístico dessa passagem: os gritos econômicos da mulher – isto é, o protesto contra a doação de dinheiro para a guerra – calam os entusiasmos patrióticos do marido.**

Il General ...cartolina... **(em italiano): o General Cadorna / escreveu à Rainha: / Se quiser ver Trieste ? Mando-a num cartão postal... A cidade de Trieste fica no norte da Itália. Pertencia à Áustria mas foi tomada pelo general Luigi Cadorna e tornou-se italiana em 1919.**

Moer: perturbar.

Proprietário de mais dois prédios à Rua Santa Cruz da Figueira, Tranquillo Zampinetti fechou o salão (a mão já lhe tremia um pouquinho) e entrou para **sócio comanditário** da Perfumaria Santos Dumont.

Então já dizia em conversa no Centro Político do Brás:

— Do que a gente ***bisogna*** no Brasil, *bisogna* mesmo, é *d'un buono* governo, mais nada!

E o único trabalho que tinha era fiscalizar todos os dias a construção da capela da família no cemitério do Araçá.

Quando o Bruno bacharel em Ciências Jurídicas e Sociais pela Faculdade de Direito de São Paulo ao sair do salão nobre no dia da formatura caiu nos seus braços Tranquillo Zampinetti chorou como uma criança.

No pátio a banda da Força Pública (gentilmente cedida pelo doutor Secretário da Justiça) terminava o hino acadêmico. A estudantada gritava para os visitantes:

— Chapéu! Chapéu-péu-péu!

E **maxixava** sob as arcadas.

Tranquillo empurrou o filho com fraque e tudo para dentro do automóvel no Largo de São Francisco e mandou tocar a toda para casa.

Dona Emília estava mexendo na cozinha quando o filho do Lorenzo gritou no corredor:

— Vovó! Vovó! Venha ver o tio Bruno de cartola!

Tremeu inteirinha. E veio ao encontro do filho amparada pelo Lorenzo e pela nora.

— ***Benedetto pupo mio!***

Vendo os cinco chorando abraçados o filho do Lorenzo abriu também a boca.

O primeiro serviço profissional do Bruno foi requerer ao Exmo. Sr. Dr. Ministro da Justiça e Negócios Interiores do Brasil a naturalização de Tranquillo Zampinetti, cidadão italiano residente em São Paulo*.

Sócio comanditário: sócio capitalista ou fornecedor de fundos.

Bisogna **(em italiano):** precisa.

Maxixava: se agitava como se estivesse dançando maxixe, uma dança bem popular na época.

Benedetto pupo mio! **(em italiano):** meu bendito garotinho!

* No final, o italiano patriota acaba se naturalizando brasileiro, o que simboliza sua identificação com a nova pátria.

OUTROS CONTOS

O MÁRTIR JESUS (SENHOR CRISPINIANO B. DE JESUS)

De acordo com a tática adotada nos anos anteriores Crispiniano B. de Jesus vinte dias antes do carnaval chorou miséria na mesa do almoço perante a família reunida:

— As coisas estão pretas. Não há dinheiro. Continuando assim não sei onde vamos parar!

Fifi que procurava na *Revista da Semana* um modelo de fantasia bem **bataclã** exclamou mastigando o palito:

— Ora, papai! Deixe disso...

A preta de cabelos cortados trouxe o café rebolando. Dona Sinhara coçou-se toda e encheu as xícaras.

— Pra mim bastante açúcar!

Crispiniano espetou o olhar no Aristides. Espetou e disse:

— Pois aí está! Ninguém economiza nesta casa. E eu que aguente o balanço sozinho!

A família em silêncio sorveu as xícaras com ruído. Crispiniano espantou a mosca do açucareiro, afastou a cadeira, acendeu um **Kiss-Me-De-Luxo**, procurou os chinelos com os pés. Só achou um.

— Quem é que levou meu chinelo daqui?

A família ao mesmo tempo espiou debaixo da mesa. Nada. Crispiniano queixou-se duramente da sorte e da vida e levantou-se.

— Não pise assim no chão, homem de Deus!

Pulando sobre um pé só foi até a salinha do piano. Jogou-se na cadeira de balanço.

Começou a acariciar o pé descalço. A família sentou-se em torno com a cara da desolação.

— Pois é isso mesmo. Há espíritos nesta casa. E as coisas estão pretas. Eu nunca vi gente resistente como aquela da Secretaria! Há três anos que não morre um primeiro-escriturário!

Bataclã: bonita.

Kiss-me-de-luxo: marca de cigarros da época.

Maria José murmurou:

— É o cúmulo!

Com o rosto escondido pelo jornal Aristides começou pausadamente:

— Falecimentos. Faleceu esta madrugada repentinamente em sua residência à Rua Capitão Salomão nº 135 o Senhor Josias de Bastos Guerra, estimado primeiro-escriturário da...

Crispiniano ficou pálido.

— Que negócio é esse? Eu não li isso não!

Fifi já estava atrás do Aristides com os olhos no jornal.

— Ora bolas! É brincadeira de Aristides, papai.

Aristides principiou uma risada irritante.

— Imbecil!

— Não sei por quê...

— Imbecil e estúpido!

Da copa vieram gritos e latidos desesperados. Dona Sinhara (que ia também descompor o Aristides) foi ver o que era. E chegaram da copa então uivos e gemidos sentidos.

— O que é, Sinhara?

— Não é nada. O Totónio brigando com Seu-Mé por causa do chinelo.

— Traga aqui o menino e ponha o cachorro no quintal!

O puxão nas orelhas do Totónio e a reconquista do chinelo fizeram bem a Crispiniano.

Espreguiçou-se todo. Assobiou mas muito desafinado. Disse para Fifi:

— Toque aquela valsa do **Nazareth** que eu gosto.

— Que valsa?

— A que acaba baixinho.

Carlinhos fez o desaforo de sair tapando os ouvidos.

As meninas iam fazer o corso no automóvel das **odaliscas**. Ideia do Mário Zanetti **pequeno** da Fifi e primogênito louro do Seu Nicola da farmácia onde Crispiniano já tinha duas contas atrasadas (varizes da Sinhara e estômago do Aristides).

Ernesto Nazareth (1863-1934): pianista e compositor brasileiro.

Odaliscas: mulheres fantasiadas de odaliscas no corso, isto é, no desfile de carros abertos no carnaval.

Pequeno: namorado.

Dona Sinhara veio logo com uma das suas:

— No Brás eu não admito que vocês vão.

— Que é que tem de mais? No carnaval tudo é permitido...

— Ah! é? Eta falta de vergonha, minha Nossa Senhora!

Maria José (segunda-secretária da Congregação das Virgens de Maria da paróquia) arriscou uma piada pronominal:

— Minha ou nossa?

— Não seja cretina!

Jogou a fantasia no chão e foi para outra sala soluçando.

Totónio gozou esmurrando o teclado.

O **contínuo** disse:

— **Macaco pelo primeiro**.

Abaixou a cabeça vencido. Sim, senhor. Sim, senhor. O papel para informar ficou para informar. Pediu licença ao diretor. E saiu com uma ruga funda na testa. As botinas rangiam. Ele parava, dobrava o peito delas erguendo-se na ponta dos pés, continuava. Chiavam. Não há coisa que incomode mais. Meteu os pés de propósito na poça barrenta. Duas fantasias de odalisca. Duas caixas de **bisnaga**. Contribuição para o corso. Botinas de cinquenta mil-réis. Para rangerem assim. Mais isto e mais aquilo e o resto. O resto é que é o pior. **Facada** doída do Aristides. Outra mais razoável do Carlinhos. Serpentina e fantasia para as crianças. Também tinham direito. Nem carro de boi chia tanto. Puxa. E outras coisas. E outras coisas que iriam aparecendo.

Entrou no **Monte de Socorro Federal**.

Auxiliado pela Elvira, o Totónio tanta malcriação fez, abrindo a boca, pulando, batendo o pé, que convenceu Dona Sinhara.

— Crispiniano, não há outro remédio mesmo: vamos dar uma volta com as crianças.

— Nem que me paguem!

Contínuo: funcionário subalterno de repartição.

Macaco pelo primeiro: provável alusão ao resultado do jogo do bicho.

Bisnaga: tubinho cheio de água perfumada usado no carnaval pelos foliões para espirrar nas pessoas.

Facada: pedido de dinheiro.

Monte de Socorro Federal: instituição do governo que fazia empréstimos a juros baixos e sob penhor.

O Totónio fantasiado de caçador de esmeraldas (sugestão nacionalista do Doutor Andrade que se formara em Coimbra) e a Elvira de rosa-chá ameaçaram pôr a casa abaixo. Desataram num choro sentido quebrando a resistência comodista (pijama de linho gostoso) de Crispiniano.

— Está bem. Não é preciso chorar mais. Vamos embora. Mas só até o Largo do Paraíso.

Na Rua Vergueiro Elvira de ventarola japonesa na mão quis ir para os braços do pai.

— Faça a vontade da menina, Crispiniano.

Domingo carnavalesco. Serpentinas nos fios da **Light**. Negras de confete na carapinha bisnagando carpinteiros portugueses no olho. O único alegre era o gordo vestido de mulher. Pernas dependuradas da capota dos automóveis de escapamento aberto. Italianinhas de braço dado com a irmã casada atrás. O sorriso agradecido das meninas feias bisnagadas. Fileira de bondes vazios. Isso é que é alegria? Carnaval paulista.

Crispiniano amaldiçoava tudo. Uma esguichada de lança-perfume bem dentro do ouvido direito deixou o Totónio desesperado.

— Vamos voltar, Sinhara?

— Não. Deixe as crianças se divertirem mais um bocadinho só.

Elvira quis ir para o chão. Foi. Grupos parados diziam besteiras. Crispiniano com o tranco do toureiro quase caiu de quatro. E a bisnaga do Totónio estourou no seu bolso. Crispiniano ficou fulo. Dona Sinhara gaguejou revoltada. Totónio abriu a boca. Elvira sumiu.

— Procura-que-procura. Procura-que-procura.

— Tem uma menina chorando ali adiante.

Sob o chorão a chorona*.

— O negrinho tirou a minha ventarola.

Voltaram para casa **chispando**.

Terça-feira entre oito e três quartos e nove horas da

Light: empresa de capital canadense encarregada da geração e distribuição de energia elétrica em São Paulo a partir de 1899. Foi comprada pelo governo paulista em 1981.

*** Observe o jogo de palavras: sob o chorão (a árvore), a menina chorava.**

Chispando: correndo.

noite as odaliscas chegaram do corso em companhia do sultão Mário Zanetti.

Crispiniano com um arzinho triunfante dirigiu-lhes a palavra:

— Ora até que enfim! Acabou-se, não é assim? Agora estão satisfeitas. E temos sossego até o ano que vem.

As odaliscas cruzaram olhares desalentados. O sultão fingia que não estava ouvindo.

Maria José falou:

— Nós ainda queríamos ir no baile do Primor, papai... Será possível?

— Hã? Bai-le do Pri-mor?

Dona Sinhara perguntou também:

— Que negócio é esse?

— É uma sociedade de dança, mamãe. Só famílias conhecidas. O Mário arranjou um convite pra nós...

Deixaram o sultão todo encabulado no tamborete do piano e vieram discutir na sala de jantar.

(Famílias distintas. Não tem nada demais. As filhas de Dona Ernestina iam. E eram filhas de vereador. Aí está. Acabava cedo. Só se o Crispiniano for também. Por nada deste mundo. Ora essa é muito boa. Pai malvado. Não faltava mais nada. Falta de **couro** isso sim. Meninas sem juízo. Tempos de hoje. Meninas sapecas. O mundo não acaba amanhã. Antigamente — hein, Sinhara? — antigamente não era assim. Tratem de casar primeiro. Afinal de contas não há mal nenhum. Aproveitar a mocidade. Sair antes do fim. É o último dia também. Olhe o remorso mais tarde. Toda a gente se diverte. São tantas as tristezas da vida. Bom. Mas que seja pela primeira e última vez. Que **gozo**.)

No alto da escada dois sujeitos bastante antipáticos (um até mal-encarado) contando dinheiro e o aviso de que o convite custava dez mil-réis mas as damas acompanhadas de cavalheiros não pagavam entrada.

Tal seria. Crispiniano rebocado pelo sultão e odaliscas aproximou-se já arrependido de ter vindo.

— O convite, faz favor?

Couro: surra.

Gozo: alegria. Observe que as frases entre parênteses reproduzem, de forma sintética, a conversa de Crispiniano com a mulher e as filhas.

— Está aqui. Duas entradas.

O mal-encarado estranhou:

— Duas? Mas o cavalheiro não pode entrar.

Ah! Isso era o cúmulo dos cúmulos.

— Não posso? Não posso por quê?

— Fantasia obrigatória.

E esta agora? O sultão entrou com a sua influência de primo do segundo vice-presidente. Sem nenhum resultado. Crispiniano quis virar valente. Que é que adiantava? Fifi reteve com dificuldade umas lágrimas sinceras.

— Eu só digo isto: sozinhas vocês não entram!

O que não era mal-encarado sugeriu amável:

— Por que o senhor não aluga aqui ao lado uma fantasia?

Crispiniano passou a língua nos lábios. As odaliscas não esperaram mais nada para estremecer com pavor da explosão. Todos os olhares bateram em Crispiniano B. de Jesus. Porém Crispiniano sorriu. Riu mesmo. Riu. Riu mesmo. E disse com voz trêmula:

— Mas se eu estou fantasiado!

— Como fantasiado?

— De Cristo!

— Que brincadeira é essa?

— Não é brincadeira: é ver-da-de!

E fez uma cara tal que as portas do salão se abriram como braços (de uma cruz).

O AVENTUREIRO ULISSES (ULISSES SERAPIÃO RODRIGUES)

Ainda tinha **duzentos réis**. E como eram sua única fortuna meteu a mão no bolso e segurou a moeda. Ficou com ela na mão fechada.

Nesse instante estava na Avenida Celso Garcia. E sentia no peito todo o frio da manhã.

Duzentão. Quer dizer: dois sorvetes de casquinha. Pouco.

Ah! muito sofre quem padece. Muito sofre quem padece? É uma canção de Sorocaba. Não. Não é. Então que é? Mui-to so-fre quem pa-de-ce. Alguém dizia isto sempre. Etelvina? Seu Cosme? Com certeza Etelvina que vivia amando toda a gente. Até ele. Sujeitinha impossível. Só vendo o jeito de olhar dela.

Bobagens. O melhor é ir andando.

Foi.

Pé no chão é bom só na roça. Na cidade é uma porcaria. Toda a gente estranha. É verdade. Agora é que ele reparava direito: ninguém andava descalço. Sentiu um mal-estar horrível. As mãos a gente ainda escondia nos bolsos. Mas os pés? Coisa horrorosa. Desafogou a cintura. Puxou as calças para baixo. Encolheu os artelhos. Deu dez passos assim. **Pipocas**. Não dava jeito mesmo. Pipocas. A gente da cidade **que vá bugiar no inferno**. Ajustou a cintura. Levantou as calças acima dos tornozelos. Acintosamente. E muito vermelho foi jogando os pés na calçada. Andando duro como se estivesse calçado.

— ESTADO! COMÉRCIO! A FOLHA!

Sem querer procurou o vendedor. Olhou de um lado. Olhou de outro.

— **FANFULLA**! A FOLHA!

Duzentos réis: o real (plural: réis) era uma antiga moeda usada no Brasil. Saiu de circulação em 1942.

Pipocas: interjeição que significa "ora, bolas!"

Que vá bugiar no inferno: que vá para o inferno.

Fanfulla: jornal da colônia italiana fundado em 1893 e que existe até hoje.

Virou-se.

— ESTADO! COMÉRCIO!

Olhou para cima. Olhou longe. Olhou perto.

Diacho. Parece impossível.

— SÃO PAULO-JORNAL!

Quase derrubou o homem na esquina. O italiano perguntou logo:

— Qual é?

Atrapalhou-se todo:

— Eu não sei não senhor.

— Então leva *O Estado*!

Pegou o jornal. Ficou com ele na mão feito bobo.

— Duzentos!

Quase chorou. O homem arrancou-lhe a moeda dos dedos que tremiam. E ele continuou a andar. Com o jornal debaixo do braço. Mas sua vontade era voltar, chamar o homem, devolver o jornal, readquirir o duzentão. Mas não podia. Por que não podia? Não sabia. Continuou andando. Mas sua vontade era voltar. Mas não podia. Não podia. Não podia. Continuou andando.

Que remédio senão se conformar? Não tomava sorvete. Dois sorvetes. Dois. Mas tinha *O Estado*. *O Estado de S. Paulo*. Pois é. O jornal ficava com ele. Mas para quê, meu Espírito Santo? Engoliu um soluço e sentiu vergonha.

Nesse instante já estava em frente do Instituto Disciplinar.

Abaixou-se. Catou uma pedra. Pá! Na árvore. Bem no meio do tronco. Catou outra. Pá! No cachorro. Bem no meio da barriga. Direção assim nem a do Cabo Zulmiro. Ficou muito, mas muito contente consigo mesmo. Cabra bom. E isso não era nada. Há dois anos na Fazenda Sinhá-Moça depois de cinco pedradas certeiras o doutor delegado (o que bebia, coitado) lhe disse: Desse jeito você poderá fazer bonito até no estrangeiro!

Eta topada. A gente vai assim pensando em coisas e nem repara onde mete o pé. É topada na certa. Eh! Eh! Topada certeira também. Puxa. Tudo certeiro.

Agora não é nada mau descansar aqui à sombra do muro.

O automóvel passou com poeira atrás. Diabo. Pegou num pauzinho e desenhou um quadrado no chão vermelho. Depois escreveu dentro do quadrado em diagonal: SAUDADE — 1927. Desmanchou tudo com o pé. Traçou um círculo. Dentro do círculo outro menor. Mais outro. Outro. Ainda outro bem pequetitito. Ainda outro: um pontinho só. Não achou mais jeito. Ficou pensando, pensando, pensando. Com a ponta do cavaco furando o pontinho. Deu um risco nervoso cortando os círculos e escreveu fora deles sem levantar a ponta: FIM. Só que escreveu com *n*. E afundou numa tristeza sem conta.

Cinco minutos **banzados**.

E abriu o jornal. Pulou de coluna em coluna. Até os olhos da **Pola Negri** nos anúncios de cinema. Boniteza de olhos. Com o fura-bolos rasgou a boca, rasgou a testa. Ficaram só os olhos. Deu um soco: não ficou nada. Jogou o jornal. Ergueu-o novamente. Abriu na quarta página. E leu logo de cara: ULISSES SERAPIÃO RODRIGUES: *No dia 13 do corrente desapareceu do Sítio Capivara, município de Sorocaba, um rapaz de nome Ulisses Serapião Rodrigues tomando rumo ignorado. Tem 22 anos, é baixo, moreno carregado e magro. Pode ser reconhecido facilmente por uma cicatriz que tem no queixo em forma de estrela. Na ocasião de seu desaparecimento estava descalço,* ***sem colarinho*** *e vestia um terno de brim azul-pavão. Quem souber do seu paradeiro tenha a bondade de escrever para a Caixa Postal 00 naquela cidade que será bem gratificado.*

Coisas assim a gente lê duas vezes. Leu. Depois arrancou a notícia do jornal. E foi picando, picando, picando até não poder mais. O vento correu com os pedacinhos.

Então ele levou a mão no queixo. Esfregou. Esfregou bastante. Levantou-se. Foi andando devagarzinho. Viu um sujeito a cinquenta metros. Começou a tremer. O sujeito veio vindo. Sempre na sua direção. Quis assobiar. Não pôde. Nunca se viu ninguém assobiar de mão no queixo. O sujeito estava pertinho já. Pensou: Quando ele for se chegando eu cuspo de lado e pronto. Começou a preparar a saliva. Mas cuspir é ofensa. Engoliu a saliva. O sujeito passou com o dedo no nariz. Arre. Tirou a mão do queixo. Endireitou o corpo. Apressou o passo. Foi ficando mais calmo. Até corajoso.

Parou bem juntinho dos operários da **Light**.

O mulato segurava no pedaço de ferro. O estoniano descia o malho: pan! pan! pan! E o ferro ia afundando no dormente. Nem o mulato nem o estoniano levantaram os olhos. Ele ficou ali guardando as pancadas nos ouvidos.

Banzados: à toa.

Pola Negri (1897-1987): atriz polonesa que ficou famosa no cinema norte-americano.

Sem colarinho: na época, os colarinhos das camisas eram colocados separadamente.

Light: empresa de capital canadense encarregada da geração e distribuição de energia elétrica em São Paulo a partir de 1899. Foi comprada pelo governo paulista em 1981.

O mulato cuspiu o cigarro e começou:

Mulher, a Penha está aí,

Eu lá não posso...

Que é que deu nele de repente?

— Seu moço! Seu moço!

A canção parou.

— Faz favor de dizer onde é que fica a Penha?

O mulato levantou a mão:

— Siga os trilhos do bonde!

Então ele deu um puxão nos músculos. E seguiu firme com os olhos bem abertos e a mão no peito apertando os **bentinhos**.

Bentinhos: medalhinhas com imagens de santos.

O TÍMIDO JOSÉ (JOSÉ BORBA)

Estava ali esperando o bonde. O último bonde que ia para a Lapa. A garoa descia brincando no ar. Levantou a gola do paletó, desceu a aba do chapéu, enfiou as mãos nos bolsos das calças. O sujeito ao lado falou: O nevoeiro já tomou conta do Anhangabaú. Começou a bater com os pés no asfalto molhado. Olhou o relógio: dez para as duas. A sensação sem propósito de estar sozinho, sozinho, sem ninguém, é o que o desanimava. Não podia ficar quieto. Precisava fazer qualquer coisa. Pensou numa. Olhou o relógio: sete para as duas. Tarde. A Lapa é longe. De vez em quando ia até o meio dos trilhos para ver se via as luzinhas do bonde. O sujeito ao lado falou: É bem capaz de já ter passado. Medindo os passos foi até o refúgio. Alguém atravessou a praça. Vinha ao encontro dele. Uma mulher. Uma mulher com uma pele no pescoço. Tinha certeza que ia acontecer alguma coisa. A mulher parou a dois metros se tanto. Olhou para ele. Desviou os olhos, puxou o relógio.

— Pode me dizer que horas são?

— Duas. Duas menos três minutos.

Agradeceu e sorriu. Se o Anísio estivesse ali diria logo que era um gado e atracaria o gado. Ele se afastou. Disfarçadamente examinava a mulher. Aquilo era fácil. O Anísio? O Anísio já teria dado um jeito. Na boca é que a gente conhece a sem-vergonhice da mulher. Parecia nervosa. Abriu a bolsa, mexeu na bolsa, fechou a bolsa. E caminhou na direção dele. Ele ficou frio sem saber que fazer. Passou ralando sem um olhar. Tomou o viaduto. O bonde vinha vindo. O nevoeiro atrapalhava a vista mas parece que ela olhou para trás. Mais uns segundos perdia o bonde. O último bonde que ia para a Lapa. Achou que era uma besteira não ir dormir. Resolveu ir. O bonde parou diante do refúgio. Seguiu. Correndo um bocadinho ainda pegava. Agora não pegava mais nem que disparasse. Ficar com raiva de si mesmo é a coisa pior deste mundo. Pôs um cigarro na boca. Não tinha fósforos. Virando o cigarro nos dedos seguiu pelo viaduto. Apressou o passo. Não se enxergava nada. De repente era capaz de esbarrar com a mulher. Tomou a outra calçada. Esbarrar não. Mas precisava encontrar. Afinal de contas estava fazendo papel de trouxa.

Quem sabe se seguiu pela Rua Barão de Itapetininga? Mais depressa não podia andar. Garoar, garoava sempre. Mas ali o nevoeiro já não era tanto felizmente. Decidiu. Iria indo no caminho da Lapa. Se encontrasse a mulher bem. Se não encontrasse paciência. Não iria procurar. Iria é para casa. Afinal de contas era mesmo um trouxa. Quando podia não quis. Agora que era difícil queria.

Estava parada na esquina. E virada para o lado dele. Foi diminuindo o andar. Ficou atrás do poste. Procurava ver sem ser visto. Alguma coisa lhe dizia que era aquele o momento. Porém não se decidia e pensava no bonde da Lapa que já ia longe. Para sair dali esperava que ela andasse. Impacientava-se. BARBEARIA BRILHANTE. Dezoito letras. Se continuava parada é que esperava alguém. Se fosse ele era uma boa **maçada**. Sua esperança estava na varredeira da Limpeza Pública que vinha chegando. A poeira a afugentaria. Nem se lembrava de que estava garoando. Pôs o lenço no rosto.

A mulher recomeçou a andar. Até que enfim. E ele também rente aos prédios. Agora já tinha desistido. Viu as horas: duas e um quarto. Antes das três e meia não chegaria na Lapa. Talvez caminhando bem depressa. Precisava desviar da mulher senão era capaz de parar de novo e pronto. Daria a volta na praça. Ela tinha tomado a rua do meio. Então reparou que outro também começara a seguir a sujeita. Um tipo de capa batendo nos calcanhares e parecia velho. Primeiro teve curiosidade. Curiosidade má. Depois uma espécie de despeito, de ciúme, de orgulho ferido, qualquer coisa assim. Nem ele nem ninguém. Cada vez apressava mais o passo. O tipo parou para acender um cigarro. Era velho mesmo, tinha bigodes brancos caídos, usava galochas e se via na cara a satisfação. Não. Isso é que não. Nem ele nem o velho nem ninguém. Nem que tivesse que brigar. Mas por que não ele mesmo? Resolveu: seria ele mesmo.

Via a ponta da pele caída nas costas. De repente ela parou e sentou-se num banco. Sentia o velho rente. E agora? Fez um esforço para que as pernas não parassem. A mulher virou o rosto na direção dele. Quem é que estava olhando? O velho? Mas a sujeita endireitou logo o rosto, abaixou a cabeça. Vai ver que o olhava sem ver. Passou como um ladrão, o coração batendo forte e sentou-se dois bancos adiante. Prova de audácia sim. Mas não podia ser de outro modo. O velho também passou, passou devagarzinho, depois de passar ainda se virou

Maçada: aborrecimento.

mas não parou. Tinha receio de suportar o olhar do velho. Começou a passar o lenço no rosto. Já era pavor mesmo. Por isso tremia. O velho continuou. Dava uns passos, virava para trás, andava mais um pouquinho, virava de novo. No fim da praça ficou encostado numa árvore.

A sujeita se levantou, deu um jeito na pele, veio vindo. Com toda a coragem a fixava. Impossível que deixasse escapar de novo a ocasião. Bastaria um sorrisozinho. Mas nem um olhar quanto mais um sorriso. Mulher é assim mesmo: facilita, facilita até demais e depois nada. Só dando mesmo pancada como recomendava o Anísio. Bombeiro é que sabe tratar mulher. Já estava ali mesmo: seguiu-a. O velho estava esperando com todo o cinismo. O gozo dele foi que quando ela ia chegando pegou outra rua do jardim e o velho **ficou no ora-veja**. Vá ser cínico na praia. Não é que o raio da sujeita apressou o passo? Melhor. Quanto mais longe melhor. Preferia assim porque no fundo era um trouxa mesmo. Reconhecia.

Ela esperou que o automóvel passasse (tinha mulheres dentro cantando) para depois atravessar a rua correndo e desaparecer na esquina. Então ele quase que corria também. Dobrou a esquina. Um homem sem chapéu e sem paletó (naquela umidade) gritava palavrões na cara da sujeita que chorava. À primeira vista pensou até que não fosse ela. Mas era. Dando com ele o homem segurou-a por um braço (ela dizia que estava doendo) e com um safanão jogou-a para dentro do portão. E fechou o portão imediatamente. Uma janela se iluminou na casinha cinzenta. Ficou ali de olhos esbugalhados. Alguém dobrou a esquina. Era o velho. Maldito velho. Então seguiu. E o outro atrás.

Nem tinha tempo de pensar em nada. Lapa. Lapa. Puxou o relógio: vinte e cinco para as três. Um quarto para as quatro em casa. E que frio. E o velho atrás. Virou-se estupidamente. O velho fez-lhe um sinal. O quê? Não queria conversa. Não falava com quem não conhecia. Cada pé dentro de um quadrado no cimento da calçada. Assim era obrigado a caminhar ligeiro.

Ficou no ora-veja: **foi enganado.**

— Faz favor, seu!

Favor nada. Mas o velho o alcançou. Não podia deixar de ser um canalha.

— Diga uma coisa: conhece aquele **xaveco**?

Fechou a cara. Continuou como se não tivesse ouvido. Mas o homem parecia que estava disposto a acompanhá-lo. Parou. Perguntou desesperado:

— Que é que o senhor quer?

Por mais um pouco chorava.

— Onde é que ela mora?

— Não sei! Não sei de nada!

O velho começou a entrar em detalhes indecentes. Não aguentou mais, fez um gesto com a mão e disparou. Ouvia o velho dizer: Que é que há? Que é que há? Corria com as mãos fechando a gola do paletó. Só depois de muito tempo pegou no passo de novo. Porque estava ofegante a garganta doía com o ar da madrugada. Lapa. Lapa. E pensava: A esta hora é capaz de ainda estar apanhando.

Xaveco: gíria da época que significa pessoa sem importância, mulher à toa.

MISS CORISCO

Embora alguns nacionalistas teimassem em chamá-la de senhorita o título oficial era *Miss* Corisco. Dez casas no bairro tomavam conta da igreja pobre que primeiro nem caixa de esmolas tinha. Depois compraram uma caixa. Mas nunca viu um tostão porque o dinheiro que havia se gastou todo com ela. *Miss* Corisco foi eleita pelo sistema de exclusão. A filha do Bentinho era sardenta. A irmã do João tinha um defeito nas cadeiras. Logo de saída a Conceição se impôs: foi aclamada *Miss* Corisco.

Aí deu uma entrevista para o *O Cachoeirense*. Perguntaram: Qual a maior emoção de sua vida? Respondeu: Três: minha primeira comunhão, uma fita do Rodolfo Valentino que eu vi na capital do meu querido Estado e... não conto porque é segredo. *Respeitamos o segredo* (escreveu o jornal) *pois naturalmente encobria uma linda história de amor*. Depois perguntaram: Qual o seu maior desejo? Respondeu: Sempre ver o Brasil na vanguarda de todos os empreendimentos. *Resposta admirável* (comentou *O Cachoeirense*) *que revela em* Miss *Corisco uma patriota digna de emparelhar com Clara Camarão, Anita Garibaldi, dona Margarida de Barros e outras heroínas da nacionalidade*. Finalmente perguntaram: O que pensa do amor? Respondeu: O amor, na minha fraca opinião, é uma coisa incompreensível mas que governa o mundo. *Palavras* (acentuou o órgão) *que encerram uma profunda filosofia muito de admirar atentos o sexo e a juventude da encantadora* Miss.

Miss Corisco foi retratada em várias posições: com um cachorrinho no colo, apanhando rosas no jardim, as costas das mãos sustentando o queixo. Deu também um autógrafo. Papel cor-de-rosa de bordas douradas, risquinhos de lápis para sair bem direitinho e as letras se equilibrando neles. O cunhado ditou. Os representantes do *O Cachoeirense* se retiraram. *Miss* Corisco foi varrer a cozinha como era de sua obrigação todos os dias inclusive domingos e feriados e na manhã seguinte tomou a **jardineira** em companhia

Jardineira: tipo de ônibus que se usava antigamente no interior do país.

do irmão casado para comparecer na cidade perante o júri estadual.

O Cine-Teatro Esmeralda estourava de tão cheio. No palco atrás do júri a Corporação Musical C. Gomes-G. Puccini tocava **dobrados**. De minuto em minuto a assistência entusiasmada erguia vivas ao Brasil e à raça. As candidatas desfilaram vestidos com apurado gosto. Os juízes eram cinco: um brasileiro, dois italianos, um filho de italiano e um português. Predominava neles o espírito nacionalista. Queriam escolher um tipo bem brasileiro. O doutor Noé Cavalheiro desenhou em dois traços incisivos o tipo-padrão: boca grande e olhos ternos. *Miss* Corisco foi eleita *Miss* Paraíba do Sul por quatro votos.

Ouviu então o primeiro discurso que foi proferido com emoção que lhe embargava a voz e lenço de seda na mão pelo doutor Noé Cavalheiro, segundo promotor público. Principiou este fazendo o elogio da beleza notadamente da beleza feminina. Falou do culto que na antiga Grécia se votava à formosura física. Acentuou depois a desvantagem de uma ***mens sana*** desde que não seja num ***corpore sano***. Disse que a beleza da mulher se tem provocado guerras e catástrofes tem também mais de uma vez contribuído para o progresso geral dos povos, citando vários exemplos históricos. Prosseguiu afirmando que o Brasil deveu muito do amor que lhe dedicou dom Pedro I à influência benéfica da Marquesa de Santos. Referiu-se à competência do júri, à sua isenção de ânimo e confessou que a única nota **dissonante** tinha sido ele orador, o que provocou os protestos unânimes da assistência. **Perorando** entoou um hino inflamado à **peregrina** formosura de *Miss* Corisco. Disse então: *Unindo à beleza clássica da Vênus de Milo a sedução estonteante da lendária rainha de Nínive,* Miss *Paraíba do Sul, maior do que* ***Beatriz*** *e mais feliz do que* ***Natércia****, conquistou o coração de toda uma região! A Pátria não é somente, como* ***soem*** *pensar certos espíritos* ***imbuídos*** *de materialismo, a lei que garante a propriedade privada!*

Dobrados: marchas militares.

Mens sana **(em latim):** mente sã.

Corpore sano **(em latim):** corpo são, sadio.

Dissonante: desagradável.

Perorando: finalizando (o discurso).

Peregrina: rara.

Natércia e Beatriz: nomes de mulheres inspiradoras de grandes poetas. Observe que através do discurso pomposo e afetado do orador, o narrador satiriza os "intelectuais" de província, aqueles que abusam dos clichês e acham que falar bem é "falar difícil".

Soem: costumam.

Imbuídos: tomados.

A Pátria é mais alguma coisa, alguma coisa de sublime e divino! A Pátria é a estrela que nos contempla do céu e a mulher que nos santifica o lar! A Pátria sois vós, Miss *Paraíba do Sul, são os vossos olhos onde se espelham todas as forças viris da nacionalidade! Para nós, patriotas conscientes e eternos enamorados da Beleza,* Miss *Paraíba do Sul é neste momento o Brasil!* (Aplausos prolongados. O orador é vivamente cumprimentado. Vozes sinceras gritam: Bis! Bis!).

Um a um os membros do júri beijaram as mãozinhas róseas e espirituais de *Miss* Paraíba do Sul enquanto a Corporação Musical C. Gomes-G. Puccini, sob a regência do maestro Pietro Zaccagna, atacava vigorosamente a imortal **protofonia do *Guarani***.

Muito vermelha e batendo com ar ingênuo as pálpebras aveludadas *Miss* Paraíba do Sul concedeu então as primeiras entrevistas. Externou sua opinião sobre a futura sucessão presidencial, a cultura da laranja, a questão religiosa no México, Mussolini, padre Cícero, a estabilização cambial, Vítor Hugo, Coelho Neto, os perfumes nacionais, a sentença que absolveu Febrônio, o diabo*****. No Grande Hotel Mundial era uma romaria de manhã à noite. Muito afável *Miss* Paraíba do Sul recebia toda a gente com um encantador sorriso brincando nos lábios purpurinos. O camareiro do apartamento chegou a declarar quando entrevistado por um jornalista: É de uma amabilidade extraordinária. Recebe todos. Quem bate no quarto entra******. Mas o irmão pelo sim pelo não caiu de bofetadas em cima do camareiro. O caso foi parar na polícia onde o prestígio de *Miss* Paraíba do Sul conseguiu arranjar tudo do melhor modo possível.

Puseram à sua disposição um automóvel fechado, uma máquina de escrever portátil e um binóculo de corridas. Todos os dias choviam os presentes. O **futuroso** arquiteto Barros Jandaia pôs gratuitamente seus serviços profissionais às ordens de *Miss* Paraíba do Sul. O cabeleireiro não lhe quis cobrar nada e ainda por cima lhe

Protofonia do *Guarani*: abertura da ópera *O Guarani*, do compositor brasileiro Carlos Gomes (1836-1896).

*** Observe a sátira feita aos repórteres que costumam fazer perguntas absurdas aos entrevistados.**

**** A ambiguidade da frase gera efeito humorístico e, em seguida, a briga com o irmão.**

Futuroso: promissor.

deu vinte vales dando direito a outras tantas lavagens com Pixavon. A Livraria Cosmopolita ofereceu um rico exemplar do *Paraíso perdido*. E assim por diante.

Miss Paraíba do Sul foi recebida em audiência especial pelo presidente do Estado, respondeu com muita graça às perguntas de S. Exa. e distribuiu cigarros Petit Londrinos (ovalados) aos presos da cadeia pública. Visitou também a Câmara Municipal. Aí foi saudada por um vereador que a comparou *à mimosa violeta dos nossos* **vergéis** *que não só atrai pela beleza como prende pelo seu perfume e conquista pela sua modéstia exemplar**.

Foram quinze dias bem cheios. Repletos. Não houve um minuto de folga. *Miss* Paraíba do Sul embora delicadamente deixou transparecer que a glória era um fardo pesado demais para seus ombros frágeis. E seguiu de vagão especial para a capital do país. Todas as cidades do percurso enviavam à estação o juiz de direito, o promotor, o delegado, o prefeito, o coletor federal e o sacristão da matriz que se incumbia dos foguetes. O trem apitava, as palmas estalavam com o vivório, o trem seguia. *Miss* Paraíba do Sul chegou ao Rio com uma dor de cabeça que não aguentava mesmo.

Começou a torcida brava. Para disfarçar festas e mais festas. E sonetos na seção livre dos jornais. E bilhetes de apaixonados anônimos. E baile na torpedeira *Paraíba do Sul*. E retratos de todo o jeito nas revistas. E chás com as rivais. E **tesouradas** gostosas nas rivais. E entrevistas, entrevistas, entrevistas. Um repórter mais audacioso penetrou no quarto de *Miss* Paraíba do Sul e tirou uma fotografia muito original. Com efeito. No dia seguinte o povo carioca abrindo o jornal deu de cara com um pé de sapato enquadrado pela seguinte nota: *Enquanto* Miss *Paraíba do Sul jantava conseguimos penetrar no seu aposento e cometemos a deliciosa maldade de fotografar um perfumado sapatinho que se encontrava sobre o toucador. Levamos a nossa indiscrição ao ponto de verificarmos o número: era trinta e três e meio! Para encanto*

Vergéis: jardins.

*** O tom de sátira é evidente no conto, ridicularizando os costumes provincianos e os oportunistas de todos os tipos.**

Tesouradas: comentários maldosos.

dos nossos leitores publicamos um clichê do sapatinho da nova Maria Borralheira da Graça e da Beleza.

Coisas assim comovem. *Miss* Paraíba do Sul deu ao repórter como lembrança o famoso sapatinho. Mesmo porque (observou muito bem o irmão casado) já estava imprestável com a sola até fura não fura. Enorme multidão teve a felicidade de vê-lo exposto na redação do jornal. Não houve um parecer discordante: era de fato um amor de sapatinho*.

Enfim vieram as provas do concurso. *Miss* Paraíba do Sul passeou de roupa de banho para os velhos do júri apreciarem bem as formas dela e submeteu-se ao exame antropométrico no Museu Nacional. Sua ficha foi discutida nas sociedades científicas, empolgou a imprensa, provocou desinteligências entre pessoas que se davam desde os bancos escolares. Tudo inútil porém. *Miss* Paraíba do Sul não foi considerada a mais digna de representar o Brasil no torneio de Galveston.

Chorou de verdade. Não se pode negar. Chorou. Mas isso no hotel. Em público não perdeu a linha. Era toda sorriso diante de *Miss* Brasil. Entrevistada declarou que a escolha do júri tinha sido justa. Admiradores seus protestaram com energia. Um grupo de estudantes deitou manifesto a seu favor. Ela sorria agradecida e dizia coisas amáveis a respeito de *Miss* Brasil. Foi consagrada a *Miss* Pindorama, a *Miss* Terra de Santa Cruz, a *Miss* Simpatia Verde-Amarela. Todos reconheceram que a vitória moral lhe pertencia. Era um consolo.

De volta à capital do seu Estado no entanto ela resolveu mudar de atitude. Criticou duramente a decisão do júri. *Miss* Brasil? Uma beleza sem dúvida. Mas beleza impassível. E que vale a formosura sem a graça? Depois sem gosto algum. Cada vestido que só vendo. Todos de carregação. E era visível nos seus traços a ascendência estrangeira. O Brasil seria representado em Galveston. A raça brasileira não. E por aí foi. Nem os organizadores do concurso escaparam. Amáveis, sim. Porém parciais.

*** A imprensa fútil e provinciana é novamente satirizada nessa passagem.**

Um deles, careca barbado, vivia amolando as candidatas com galanteios muito bobos. Por isso mesmo levou um dia a sua. Uma das concorrentes lhe perguntou: Por que não corta um pedaço da barba e gruda na cabeça para fingir de cabelo? Disse isso sim. Como não. Na cara. Como não. E perto de gente. Ora se. Ele ficou **enfiado**.

Corisco recebeu de luto na alma a sua Vênus. O pai de *Miss* Paraíba do Sul sacudia a cabeça murmurando: Que injustiça! Que injustiça! Inutilmente ela e o irmão casado falavam na vitória moral, na simpatia do povo, nos protestos da imprensa. Ela contava: Uma vez quando saía do hotel um popular me disse que eu era a eleita do coração dos brasileiros! Então, papai, que tal?

Mas o velho não se convencia. É. Muito bonito. Realmente. Mas os oitenta e quatro contos foi outra que **abiscoitou**. Aí é que está. Os oitenta e quatro contos foi outra que abiscoitou. Injustiça. Injustiça. O Brasil vai de mal a pior. Mas depois era preciso jurar que não, que o Brasil ia muito bem, que a vitória moral era mais que suficiente, que dinheiro não faz a felicidade de ninguém porque *Miss* Corisco, *Miss* Paraíba do Sul, *Miss* Pindorama, *Miss* Terra de Santa Cruz, *Miss* Simpatia Verde-Amarela começava a chorar.

Enfiado: envergonhado, sem graça.

Abiscoitou: levou, conseguiu.

APÓLOGO BRASILEIRO SEM VÉU DE ALEGORIA

O trenzinho recebeu em Maguari o pessoal do matadouro e tocou para Belém. Já era noite. Só se sentia o cheiro doce do sangue. As manchas na roupa dos passageiros ninguém via porque não havia luz. De vez em quando passava uma fagulha que a chaminé da locomotiva botava. E os vagões no escuro.

Trem misterioso. Noite fora noite dentro. O chefe vinha recolher os bilhetes de cigarro na boca. Chegava a passagem bem perto da ponta acesa e dava uma chupada para fazer mais luz. Via mal e mal a data e ia guardando no bolso. Havia sempre uns que gritavam:

— Vá pisar no inferno!

Ele pedia perdão (ou não pedia) e continuava seu caminho. Os vagões sacolejando.

O trenzinho seguia danado para Belém porque o maquinista não tinha jantado até aquela hora. Os que não dormiam aproveitando a escuridão conversavam e até gesticulavam por força do hábito brasileiro. Ou então cantavam, assobiavam. Só as mulheres se encolhiam com medo de algum desrespeito.

Noite sem lua nem nada. Os fósforos é que alumiavam um instante as caras cansadas e a pretidão feia caía de novo. Ninguém estranhava. Era assim mesmo todos os dias. O pessoal do matadouro já estava acostumado. Parecia trem de carga o trem de Maguari.

Porém aconteceu que no dia 6 de maio viajava no penúltimo banco do lado direito do segundo vagão um cego de óculos azuis. Cego baiano das margens do Verde de Baixo. Flautista de profissão dera um concerto em Bragança. Parara em Maguari. Voltava para Belém com setenta e quatrocentos no bolso. O **taioca** guia dele só dava uma folga no bocejo para cuspir.

Baiano velho estava contente. Primeiro deu uma cotovelada no secretário e puxou conversa. Puxou à toa porque não veio nada. Então principiou a assobiar.

Taioca: mestiço.

Assobiou uma valsa (dessas que vão subindo, vão subindo e depois descendo, vêm descendo), uma polca, um pedaço do "Trovador". Ficou quieto uns tempos. De repente deu uma coisa nele. Perguntou para o rapaz:

— O jornal não dá nada sobre a sucessão presidencial?

O rapaz respondeu:

— Não sei: nós estamos no escuro.

— No escuro?

— É.

Ficou matutando calado. Claríssimo que não compreendia bem. Perguntou de novo:

— Não tem luz?

Bocejo.

— Não tem.

Cuspada.

Matutou mais um pouco. Perguntou de novo:

— O vagão está no escuro?

— Está.

De tanta indignação bateu com o porrete no soalho. E principiou a grita dele assim:

— Não pode ser! Estrada relaxada! Que é que faz que não acende? Não se pode viver sem luz! A luz é necessária! A luz é o maior dom da natureza! Luz! Luz! Luz!

E a luz não foi feita. Continuou berrando:

— Luz! Luz! Luz!

Só a escuridão respondia.

Baiano velho **estava fulo**. Urrava. Vozes perguntaram dentro da noite:

— Que é que há?

Baiano velho trovejou:

— Não tem luz!

Vozes concordaram:

— Pois não tem mesmo.

Foi preciso explicar que era um desaforo. Homem não é bicho. Viver nas trevas é cuspir no progresso da humanidade. Depois a gente tem a obrigação de reagir

Estava fulo: estava com muita raiva.

contra os exploradores do povo. No preço da passagem está incluída a luz. O governo não toma providências? Não toma? A **turba ignara** fará valer seus direitos sem ele. Contra ele se necessário. Brasileiro é bom, é amigo da paz, é tudo quanto quiserem: mas bobo não. Chega um dia e a coisa pega fogo.

Todos gritavam discutindo com calor e palavrões. Um mulato propôs que se matasse o chefe do trem. Mas João Virgulino lembrou:

— Ele é pobre como a gente.

Outro sugeriu uma grande passeata em Belém com banda de música e discursos.

— Foguetes também?

— Foguetes também.

— Be-le-za!

Mas João Virgulino observou:

— Isso custa dinheiro.

— Que é que se vai fazer então?

Ninguém sabia. Isto é: João Virgulino sabia. **Magarefe**-chefe do matadouro de Maguari, tirou a faca da cinta e começou a esquartejar o banco de palhinha. Com todas as regras do ofício. Cortou um pedaço, jogou pela janela e disse:

— Dois quilos de lombo!

Cortou outro e disse:

— Quilo e meio de toicinho!

Todos os passageiros magarefes e auxiliares imitaram o chefe. Os instintos carniceiros se satisfizeram plenamente. A indignação virou alegria. Era cortar e jogar pelas janelas. Parecia um serviço organizado. Ordens partiam de todos os lados. Com piadas, risadas, gargalhadas.

— Quantas **reses**, Zé Bento?

— Eu estou na quarta, Zé Bento!

Baiano velho quando percebeu a história pulou de contente. O chefe do trem correu quase que chorando.

— Que é isso? Que é isso? É por causa da luz?

Baiano velho respondeu:

— É por causa das trevas!

Turba ignara: multidão ignorante.

Magarefe: açougueiro.

Reses: bois.

O chefe do trem suplicava:

— Calma! Calma! Eu arranjo umas velinhas.

João Virgulino percorria os vagões apalpando os bancos.

— Aqui ainda tem uns três quilos de colchão mole!

O chefe do trem foi para o cubículo dele e se fechou por dentro rezando. Belém já estava perto. Dos bancos só restava a armação de ferro. Os passageiros de pé contavam façanhas. Baiano velho tocava a marcha de sua **lavra** chamada *Às armas cidadãos!* O taioquinha embrulhava no jornal a faca surrupiada na confusão.

Tocando a sineta o trem de Maguari fungou na estação de Belém. Em dois tempos os vagões se esvaziaram. O último a sair foi o chefe muito pálido.

Belém vibrou com a história. Os jornais afixaram cartazes. Era assim o título de um: *Os passageiros no trem de Maguari amotinaram-se jogando os assentos ao leito da estrada*. Mas foi substituído porque se prestava a interpretações que feriam de frente o decoro das famílias*. Diante do Teatro da Paz houve um conflito sangrento entre populares.

Dada a queixa à polícia foi iniciado o inquérito para apurar as responsabilidades. Perante grande número de advogados, representantes da imprensa, curiosos e pessoas **gradas**, o delegado ouviu vários passageiros. Todos se mantiveram na negativa, menos um que se declarou protestante e trazia um exemplar da Bíblia no bolso. O delegado perguntou:

— Qual a causa verdadeira do motim?

O homem respondeu:

— A causa verdadeira do motim foi a falta de luz nos vagões.

O delegado olhou firme nos olhos do passageiro e continuou:

— Quem encabeçou o movimento?

Em meio da ansiosa expectativa dos presentes o homem revelou:

Lavra: autoria.

*** Observe o trocadilho com a palavra "assento". Alcântara Machado gostava muito de fazer jogos de palavras, como se pode ver no fim desse mesmo parágrafo: conflito sangrento no Teatro da Paz. É um dos traços modernistas de seu estilo.**

Gradas: importantes.

— Quem encabeçou o movimento foi um cego!

Quis jurar sobre a Bíblia mas foi imediatamente recolhido ao xadrez porque com a autoridade não se brinca.

BRÁS, BEXIGA E BARRA FUNDA E OUTROS CONTOS

Comentários sobre a obra

Neste volume estão reunidos doze contos do livro *Brás, Bexiga e Barra Funda – Notícias de São Paulo*, três de *Laranja da China* ("O mártir Jesus", "O aventureiro Ulisses" e "O tímido José") e ainda duas histórias avulsas ("*Miss* Corisco" e "Apólogo brasileiro sem véu de alegoria"). É uma amostra significativa da produção literária de Antônio de Alcântara Machado.

Seus contos se caracterizam por uma ampla galeria de personagens, em que o imigrante italiano é presença constante, mas não única. Há tragédias ("Gaetaninho" e "O monstro de rodas"), crimes passionais ("Amor e sangue"), mas também crítica social ("A sociedade"), e sátira e humor ("Tiro de Guerra nº 35" e "*Miss* Corisco").

Além da novidade temática que Antônio de Alcântara Machado trouxe à literatura brasileira, o estilo coloquial, ágil, feito de frases curtas, é uma marca forte de sua obra, revelando um autor competente para realizar uma das principais aspirações do Modernismo: a de eliminar o jeito parnasiano e pedante de escrever. Além disso, alguns de seus contos apresentam diálogos inteiros em italiano, algo inédito até então em livros de autores nacionais.

CONVERSANDO SOBRE A OBRA

1. O conto "Gaetaninho" é formado de pequenos blocos narrativos, que mostram diversos momentos da vida do menino Gaetaninho. Apesar da surpresa trágica do epílogo, notamos que há referências à morte em todos os blocos, como se fossem antecipações disfarçadas do que viria a acontecer no final. Apontar as passagens em que ocorrem essas alusões.

2. Em "Carmela", temos o encontro de dois personagens que pertencem a níveis sociais bem diferentes. O que cada um deles procura no outro? A frase final é: "O Ângelo é outra coisa. É pra casar". No contexto do conto, explicar o significado dessa frase.

3. Pesquisar o conceito de sátira e explicar se os contos "Tiro de Guerra nº 35" e "*Miss* Corisco" podem ser considerados satíricos.

4. No conto "Amor e sangue", explicar a relação que se pode estabelecer entre os comentários do freguês da barbearia e o final da história.

5. Pode-se dizer que o conto "A sociedade" revela o preconceito de algumas famílias tradicionais paulistanas contra os imigrantes italianos? Justificar sua resposta. Explicar também por que o casamento de Teresa com Adriano foi vantajoso para as duas famílias.

6. De que maneira o conto "Lisetta" põe em evidência o contraste entre ricos e pobres?

7. Explicar por que o conto "Corinthians (2) *vs*. Palestra (1)" constitui uma grande novidade no panorama literário da época.

8. Pode-se dizer que a história "Notas biográficas do novo deputado" exemplifica uma das formas pelas quais o imigrante italiano se integrava nas famílias paulistanas e virava "brasileiro"? Por quê?

9. Que problema social é abordado em "O monstro de rodas"? Essa questão pode ser considerada ultrapassada na atual sociedade brasileira?

10. Explicar como "Armazém Progresso de São Paulo" revela o sonho de ascensão social dos imigrantes italianos na cidade paulista.

11. Em muitos casos, os imigrantes italianos faziam questão de afirmar sua nacionalidade, orgulhando-se de continuar a usar sua língua natal e de manter, no Brasil, os costumes da Itália. Mas seus descendentes nem sempre pensavam assim, procurando, ao contrário, afirmar-se como brasileiros. Explicar como se manifesta essa situação no conto "Nacionalidade".

12. Nos contos "O mártir Jesus", "O aventureiro Ulisses" e "O tímido José", temos três aspectos bem diversos da vida em São Paulo. Explicar por que o autor usou as palavras *mártir, aventureiro* e *tímido* para caracterizar cada um dos personagens centrais.

13. Pesquisar os conceitos de apólogo e de alegoria e explicar por que o conto "Apólogo brasileiro sem véu de alegoria" tem esse título.

14. Alcântara Machado escreveu na apresentação: "Este livro não nasceu livro: nasceu jornal. Estes contos não nasceram contos: nasceram notícias". Com base nessas afirmações, reescrever o conto "Gaetaninho" como se fosse uma notícia de jornal.